Korte Verhalen in het Spaans

Korte verhalen in Spaans voor beginners en gevorderden

Daniel Garcia

Inhoud

Inleiding

Lezen in een vreemde taal is een van de meest effectieve manieren om uw taalvaardigheid te verbeteren en uw woordenschat uit te breiden. Toch kan het soms moeilijk zijn om boeiend leesmateriaal op een geschikt niveau te vinden dat een gevoel van prestatie en vooruitgang geeft. De meeste boeken en artikelen die voor moedertaalsprekers zijn geschreven, kunnen te lang zijn en moeilijk te begrijpen, of kunnen een woordenschat op zeer hoog niveau hebben, zodat u zich overweldigd voelt en het opgeeft. Als deze problemen bekend klinken, dan is dit boek iets voor jou!

Korte Verhalen in het Spaans is een verzameling van 25 onconventionele en onderhoudende korte verhalen die zijn ontworpen om beginnende tot gemiddeld niveau Spaans lerenden te helpen hun taalvaardigheden te verbeteren.

Deze korte verhalen creëren een ondersteunende leesomgeving door het opnemen van:

- Rijke taalkundige inhoud in verschillende genres om u te vermaken en u bloot te stellen aan een verscheidenheid van woordvormen.
- Kortere verhalen in hoofdstukken om u de voldoening te geven verhalen af te maken en snel vooruitgang te boeken.
- Teksten die op uw niveau geschreven zijn, zodat ze gemakkelijker te begrijpen zijn en niet overweldigend.
- Nederlandse vertaling op wisselende pagina's, zodat u er regel voor regel direct naar kunt verwijzen terwijl u het Spaans verhaal leest.
- De belangrijkste woordenschat staat vetgedrukt in

het hele verhaal en de vertaling, zodat u onbekende woorden gemakkelijker kunt begrijpen.

- Begrijpelijke vragen om uw begrip van belangrijke gebeurtenissen te testen en om u aan te moedigen meer in detail te lezen.

Dus of u nu uw woordenschat wilt uitbreiden, uw begrip wilt verbeteren of gewoon voor uw plezier wilt lezen, dit boek is de grootste stap voorwaarts die u dit jaar in uw studie zult maken. Korte Verhalen in het Spaans geeft u alle steun die u nodig hebt, dus leun achterover, ontspan, en laat uw fantasie de vrije loop terwijl u wordt meegevoerd naar een magische wereld van avontuur, mysterie en intrige - in het Spaans!

Hoe dit boek te gebruiken

Lezen is een moeilijk talent om onder de knie te krijgen. We gebruiken een reeks microvaardigheden om ons te helpen lezen in onze moedertaal. We kunnen bijvoorbeeld een passage doornemen om een globaal idee te krijgen van waar het over gaat. Of we kammen een groot aantal bladzijden van een treindienstregeling door op zoek naar een specifieke tijd of plaats. Terwijl deze microvaardigheden een tweede natuur zijn bij het lezen in onze moedertaal, blijkt uit onderzoek dat we de meeste ervan vaak vergeten bij het lezen in een vreemde taal. Wanneer we een vreemde taal leren, beginnen we gewoonlijk bij het begin van een tekst en werken we ons een weg door de tekst, waarbij we elk woord proberen te begrijpen. Onvermijdelijk komen we onbekende of ingewikkelde termen tegen en raken we geïrriteerd door ons onvermogen om ze te begrijpen.

Een van de grootste voordelen van het lezen in een vreemde taal is dat je wordt blootgesteld aan een groot aantal zinnen en uitdrukkingen die in alledaagse situaties worden gebruikt. Extensief lezen is een term die wordt gebruikt om het lezen voor plezier aan te duiden om een taal te leren. Het is niet zoals het lezen van een tekstboek, wanneer gesprekken of teksten zijn ontworpen om langzaam en zorgvuldig te worden gelezen met het doel om elk woord te begrijpen. "Intensief lezen" verwijst naar lezen dat wordt gedaan om specifieke leerdoelen te bereiken of taken te voltooien. Anders gezegd, intensief lezen in tekstboeken helpt meestal bij het leren van grammaticaregels en bepaalde woordenschat, maar extensief lezen van verhalen helpt bij het leren van natuurlijke taal.

Korte Verhalen in het Spaans biedt u de mogelijkheid om meer te leren over natuurlijk Spaans taalgebruik, ook al bent u uw taalleertocht misschien begonnen met uitsluitend tekstboeken. Hier zijn een paar tips om in gedachten te houden als u de verhalen in dit boek leest om er het meeste uit te halen: Als het op lezen aankomt, zijn plezier en een gevoel van vervulling van cruciaal belang. Je blijft terugkomen voor meer omdat je geniet van wat je aan het lezen bent. Elk verhaal van begin tot eind lezen is de beste methode om plezier te beleven aan het lezen van verhalen en je volbracht te voelen. Het belangrijkste is dan ook om het einde van een verhaal te halen. Dat is eigenlijk nog belangrijker dan elk woord te kennen.

Hoe meer je leest, hoe meer kennis je zult opdoen. U zult snel een kennis hebben van hoe Spaans werkt als u grotere boeken leest voor uw plezier. Bedenk echter wel dat u, om ten volle van de voordelen van extensief lezen te kunnen profiteren, eerst een voldoende omvangrijk boek moet lezen. Door hier en daar een paar bladzijden te lezen leert u misschien een paar nieuwe woorden, maar het zal geen significant verschil maken in uw algehele niveau van Spaans.

Accepteer dat je niet alles zult begrijpen van wat je in een roman leest. Dit is, zonder twijfel, het meest cruciale punt! Onthoud altijd dat het volkomen aanvaardbaar is dat u niet alle woorden of zinnen begrijpt. Het betekent niet dat je taalvaardigheden ontoereikend zijn of dat je slecht presteert. Het geeft aan dat u actief betrokken bent bij het leerproces.

Leesgids

Om het meeste uit het lezen van Korte Verhalen in het Spaans te halen, kunt u het beste dit eenvoudige leesproces in zes stappen volgen voor elk hoofdstuk van de verhalen:

1. Lees de titel van het hoofdstuk. Denk na over waar het verhaal over zou kunnen gaan. Lees dan het verhaal helemaal door. Uw doel is gewoon het einde van het verhaal te bereiken. Stop daarom niet om woorden op te zoeken en maak u geen zorgen als er dingen zijn die u niet begrijpt. Probeer gewoon de plot te volgen.

2. Wanneer u het einde van het verhaal hebt bereikt, scant u de Nederlandse vertaling om te zien of u hebt begrepen wat er is gebeurd en pikt u alle context op die u misschien hebt gemist.

3. Ga terug en lees hetzelfde verhaal opnieuw. Als u wilt, kunt u zich meer op de details van het verhaal concentreren, maar anders leest u het gewoon nog een keer door.

4. Werk vervolgens door de begripsvragen in Spaans om te controleren of u de belangrijkste gebeurtenissen in het verhaal begrijpt. Als u de vragen niet helemaal begrijpt, hoeft u zich geen zorgen te maken. Gebruik uw kennis om zo goed mogelijk te antwoorden.

5. Op dit punt moet u de belangrijkste gebeurtenissen van het hoofdstuk enigszins begrijpen. Als dat niet het geval is, kunt u het hoofdstuk een paar keer herlezen, waarbij u de vertaling gebruikt om onbekende woorden en zinnen te controleren, totdat u zich zeker voelt.

Zodra u klaar bent en zeker weet dat u begrijpt wat er is gebeurd - of dat nu na één lezing van het verhaal is of na meerdere - gaat u verder met het volgende verhaal en geniet u verder van het verhaal in uw eigen tempo, net zoals u van elk ander boek zou genieten.

Pas als u een verhaal in zijn geheel hebt uitgelezen, moet u overwegen terug te gaan en de verhaaltaal desgewenst verder uit te diepen. Of in plaats van u zorgen te maken of u alles begrijpt, de tijd te nemen om u te concentreren op alles wat u hebt begrepen en uzelf te feliciteren met alles wat u hebt gedaan.

Korte Verhalen
in het Spaans

Daniel Garcia

Fiesta de la Tomatina

La Fiesta de la Tomatina es un acontecimiento único que tiene lugar en la pequeña ciudad de Buol, España. Cada año, el último miércoles de agosto, los lugareños y los **visitantes** se reúnen para **participar** en lo que se conoce como la mayor pelea de comida del mundo. Durante una hora, los participantes se lanzan **tomates** hasta que las calles quedan inundadas de pulpa roja y zumo. Es una experiencia estimulante que todo el mundo debería probar al menos una vez. Siempre había querido vivir la Fiesta de la Tomatina, y por fin tuve la oportunidad el año pasado. Al principio estaba un poco nerviosa, sin saber qué esperar. Pero en cuanto los tomates empezaron a volar, todos mis temores se desvanecieron. Fue muy divertido. Nunca me había **reído tanto en** mi vida. Y quedar cubierto de pies a cabeza de jugo de tomate es extrañamente satisfactorio. Si buscas una experiencia realmente única y memorable, ¡pon el Festival de la Tomatina en tu lista de deseos! Después de una hora de lanzar tomates sin parar, las calles eran un desastre resbaladizo. Era difícil caminar sin resbalar, y aún más difícil ver **a través de** todo el jugo rojo que ahora corría por mi cara.

La Tomatina Festival

Het La Tomatina Festival is een uniek evenement dat plaatsvindt in het kleine stadje Buol in Spanje. Elk jaar op de laatste woensdag van augustus komen inwoners en **bezoekers** samen om deel te **nemen** aan wat bekend is geworden als 's werelds grootste voedselgevecht. Een uur lang bekogelen de deelnemers elkaar met **tomaten** tot de straten overspoeld zijn met rode pulp en sap. Het is een opwindende ervaring die iedereen ten minste een keer zou moeten proberen! Ik heb het La Tomatina Festival altijd al eens zelf willen meemaken, en vorig jaar kreeg ik eindelijk de kans. In het begin was ik een beetje nerveus, omdat ik niet wist wat ik kon verwachten. Maar zodra de tomaten begonnen te vliegen, smolten al mijn angsten weg. Het was zo leuk! Ik heb nog nooit zo hard **gelachen**. En van top tot teen bedekt worden met tomatensap is vreemd genoeg bevredigend. Als je op zoek bent naar een unieke en onvergetelijke ervaring, zet het La Tomatina Festival dan op je bucketlist! Na een uur non-stop tomaten gooien, waren de straten een glibberige puinhoop. Het was moeilijk om te lopen zonder uit te glijden, en nog moeilijker om te zien **door** al het rode sap dat nu over mijn gezicht liep.

Pero no me importó, ¡me lo estaba pasando como nunca! La **Fiesta de** la Tomatina es **algo que** todo el mundo debería experimentar al menos una vez en su vida. Cuando el lanzamiento de tomates llegó a su fin, todo el mundo estaba agotado pero feliz. Nos ayudamos mutuamente a limpiar, limpiando las calles y a los demás. Y entonces llegó la hora de la fiesta. El resto del día se llenó de música, baile y celebración. Fue una **experiencia** increíble que nunca olvidaré. Me desperté temprano el día del festival, con el corazón palpitando de emoción. Estaba impaciente por empezar. Después de un rápido desayuno, me dirigí al centro de la ciudad, donde tenía lugar toda la acción. Las calles ya estaban llenas de gente y el aire estaba cargado de expectación. Precisamente a las 11 de la mañana se lanzó el primer tomate. Y a partir de ese momento, el caos fue **total.** Un tomate tras otro voló por los aires mientras **todos** luchaban por conseguir su parte.

Fue divertidísimo, caótico y muy divertido. Nunca me había reído tanto en mi vida. Al final, agotados de tanto lanzar (y ser lanzados), **nos** dimos por vencidos y volvimos a nuestros hoteles para un merecido descanso. Pero no sin antes hacer planes para volver el año que viene, ¡más grande y mejor que nunca! Todavía no puedo creer que esté aquí, en el Festival de la Tomatina.

Maar dat vond ik niet erg - ik had de tijd van mijn leven! Het La Tomatina **Festival** is zeker **iets wat** iedereen ten minste één keer in zijn leven zou moeten meemaken. Toen het tomaten gooien eindelijk ten einde was, was iedereen uitgeput maar gelukkig. We hielpen elkaar met opruimen, met het schoonspuiten van de straten en van elkaar. En toen was het tijd om te feesten! De rest van de dag was gevuld met muziek, dansen en feestvieren. Het was een ongelooflijke **ervaring** die ik nooit zal vergeten. Ik werd vroeg wakker op de dag van het festival, mijn hart bonkte van opwinding. Ik kon haast niet wachten om te beginnen! Na een snel ontbijt ging ik op weg naar het centrum van de stad, waar alle actie plaatsvond. De straten waren al gevuld met mensen en de lucht was vol verwachting. Om precies 11 uur 's ochtends werd de eerste tomaat gegooid. En toen was het **een complete** chaos! Tomaat na tomaat vloog door de lucht en **iedereen** vocht om zijn deel te krijgen.

Het was hilarisch en chaotisch en zo leuk! Ik had nog nooit zo hard gelachen in mijn leven. Uiteindelijk, uitgeput van al het gooien (en gegooid worden), stopten we ermee en **gingen we** terug naar onze hotels voor een welverdiende rust. Maar niet voordat we plannen maakten om volgend jaar terug te komen - groter en beter dan ooit! Ik kan nog steeds niet geloven dat ik hier ben - op het La Tomatina Festival!

Preguntas de comprensión

1. ¿Qué es la Fiesta de la Tomatina?

2. ¿Cuándo se celebra la Fiesta de la Tomatina?

3. ¿Qué hacen los participantes en la Fiesta de la Tomatina?

4. ¿Cómo se sentía el autor antes de vivir la Fiesta de la Tomatina?

5. ¿Cómo se sintió el autor después de vivir la Fiesta de la Tomatina?

6. ¿Cuál fue la parte favorita del autor de la Fiesta de la Tomatina?

7. ¿Qué fue lo más difícil de la Fiesta de la Tomatina?

8. ¿Recomendaría el autor la Fiesta de la Tomatina a otras personas?

9. ¿Cuáles son los planes del autor para el futuro?

10. ¿Cómo es la Fiesta de la Tomatina?

Begrip vragen

1. Wat is het La Tomatina Festival?

2. Wanneer vindt het La Tomatina Festival plaats?

3. Wat doen de deelnemers aan het La Tomatina Festival?

4. Hoe voelde de auteur zich voordat hij het La Tomatina Festival meemaakte?

5. Hoe voelde de auteur zich nadat hij het La Tomatina Festival had meegemaakt?

6. Wat was het favoriete onderdeel van de auteur van het La Tomatina Festival?

7. Wat was het moeilijkste deel van het La Tomatina Festival?

8. Zou de auteur het La Tomatina Festival aan anderen aanbevelen?

9. Wat zijn de plannen van de auteur voor de toekomst?

10. Hoe ziet het La Tomatina Festival eruit?

Encierro

Los encierros son un acontecimiento anual que se celebra en Pamplona, España. Cada año, **cientos** de personas de todo el mundo acuden a Pamplona para participar en los festejos. El evento dura nueve días y culmina con un encierro por las calles de Pamplona. Durante la mayor parte del año, Pamplona es una ciudad española aletargada, pero durante los encierros cobra vida. Las **calles** se llenan de gente de todas las clases sociales, todos allí para vivir una experiencia única. Muchos de los participantes llevan la ropa **tradicional** española, mientras que otros se disfrazan de forma extravagante. Algunos incluso se pintan el cuerpo con sangre de toro. Nada más comenzar la fiesta, se respira una sensación de **excitación en el** aire. Todo el mundo sabe que, en cualquier momento, un toro puede bajar a toda velocidad por una de las **estrechas** calles de Pamplona.

Pero también saben que esto es parte de lo que hace que el **encierro sea** tan emocionante. **Los espectadores se alinean a** lo largo del recorrido, animando y agitando banderas mientras esperan la aparición de los toros. A las 8 de la mañana se sueltan los toros y comienza la carrera. Inmediatamente, las calles se llenan de gente que corre por su vida.

Stierenrennen

De stierenrennen zijn een jaarlijks evenement dat plaatsvindt in Pamplona, Spanje. Elk jaar komen **honderden** mensen van over de hele wereld naar Pamplona om deel te nemen aan de festiviteiten. Het evenement duurt negen dagen en wordt afgesloten met een stierenrennen door de straten van Pamplona. Het grootste deel van het jaar is Pamplona een slaperig Spaans stadje, maar tijdens de stierenrennen komt het tot leven. De **straten** zijn gevuld met mensen uit alle lagen van de bevolking, die er allemaal zijn om iets unieks mee te maken. Veel deelnemers dragen **traditionele** Spaanse kleding, terwijl anderen zich uitdossen in buitensporige kostuums. Sommigen beschilderen zelfs hun lichaam met stierenbloed! Zodra het festival begint, hangt er een gevoel van **opwinding in de** lucht. Iedereen weet dat er elk moment een stier door een van de **smalle** straatjes van Pamplona kan komen razen.

Maar zij weten ook dat dit deel uitmaakt van wat de **stierenrennen** zo opwindend maakt. Langs de route staan **toeschouwers in de** rij, ze juichen en zwaaien met vlaggen terwijl ze wachten tot de stieren verschijnen. De stieren worden precies om 8 uur losgelaten en de race begint. Onmiddellijk stromen de

Los toros cargan a través de las estrechas calles, derribando a cualquiera que se interponga en su camino. El aire está lleno de polvo y el sonido de los cascos golpeando **el pavimento**. Algunos participantes intentan dejar atrás a los toros, mientras que otros simplemente intentan apartarse de su camino. No es raro que la gente sea **pisoteada** o corneada por los toros durante el encierro. De hecho, se considera parte de la diversión. Muchos corredores llevan pañuelos rojos alrededor del cuello, ya que creen que les protegerá de ser heridos por un toro. Los toros son finalmente acorralados al final del recorrido, y los corredores respiran aliviados. Han superado otro encierro. Ahora, es el momento de **celebrarlo**.

Las calles están llenas de gente bailando, cantando y bebiendo. El ambiente es electrizante y todo el mundo está muy animado. Ha sido un festival **exitoso** y todo el mundo está deseando que llegue la edición del año que viene. A la mañana siguiente, las calles están vacías y tranquilas. Es difícil creer que hace apenas 24 horas estaban llenas de gente corriendo por sus vidas. Ahora, sólo **quedan** algunos pañuelos rojos dispersos y algunas flores pisoteadas. Los toros hace tiempo que han vuelto a sus corrales y la fiesta ha terminado. Pero el recuerdo del encierro de este año permanecerá en la memoria de los **participantes** durante años. Para algunos, el encierro es una experiencia única en la vida.

straten vol met mensen die rennen voor hun leven. De stieren rennen door de smalle straten en gooien iedereen omver die hen in de weg staat. De lucht is dik van stof en het geluid van hoefgetrappel op **het trottoir**. Sommige deelnemers proberen de stieren te ontlopen, terwijl anderen gewoon uit hun buurt proberen te blijven. Het is niet ongewoon dat mensen **vertrapt** of gegeseld worden door stieren tijdens een run. Het is zelfs een deel van de pret! Veel lopers dragen rode sjaals om hun nek, omdat ze geloven dat dit hen beschermt tegen een stier. Aan het einde van de route zijn de stieren eindelijk bijeengedreven en de lopers halen opgelucht adem. Ze hebben weer een stierenrennen gehaald! Nu is het tijd om te **vieren**.

De straten zijn gevuld met dansende, zingende en drinkende mensen. De sfeer is elektrisch en iedereen is in opperbeste stemming. Het was een **geslaagd** festival, en iedereen kijkt uit naar het evenement van volgend jaar. De volgende ochtend zijn de straten leeg en stil. Het is moeilijk te geloven dat ze nog maar 24 uur geleden vol waren met mensen die renden voor hun leven. Nu zijn **er** alleen nog een paar verspreide rode sjaals en wat vertrapte bloemen over. De stieren zijn allang teruggekeerd naar hun hokken en het festival is voorbij. Maar de herinneringen aan de stierenrennen van dit jaar zullen degenen die **eraan hebben deelgenomen** nog jaren bijblijven. Voor sommigen is de stierenrennen een unieke ervaring.

Preguntas de comprensión

1. ¿Qué es el encierro?

2. ¿Cuándo tiene lugar el evento?

3. ¿Cuántos días dura el evento?

4. ¿Cuál es la culminación del evento?

5. ¿Cómo es Pamplona durante la mayor parte del año?

6. ¿Cuántos participantes se visten para el evento?

7. ¿Cómo es el ambiente cuando comienza el festival?

8. ¿Qué ocurre con los participantes que se interponen en el camino de los toros?

9. ¿Cuál es el significado de los pañuelos rojos?

10. ¿Por qué hay gente que vuelve a los encierros?

Begrip vragen

1. Wat is de stierenrennen?

2. Wanneer vindt de gebeurtenis plaats?

3. Hoeveel dagen duurt het evenement?

4. Wat is het hoogtepunt van de gebeurtenis?

5. Hoe is het in Pamplona het grootste deel van het jaar?

6. Hoe kleden veel deelnemers zich voor het evenement?

7. Hoe is de sfeer als het festival begint?

8. Wat gebeurt er met deelnemers die de stieren in de weg lopen?

9. Wat is de betekenis van de rode sjaals?

10. Waarom blijven sommige mensen terugkomen naar de stierenrennen?

La Fiesta de San Fermín

La "Fiesta de San Fermín" es una tradición muy arraigada en la pequeña ciudad de Pamplona (España). Cada año, el 6 de julio, la ciudad se llena de música, baile y **jolgorio**. La fiesta dura nueve días y **culmina** con el encierro del 14 de julio. Para muchos lugareños y visitantes, la Fiesta de San Fermín es el punto culminante del **verano**. Este ao no fue diferente a los dems, ya que los preparativos para la fiesta comenzaron con semanas de antelacin. Las calles se limpiaron y se decoraron con pancartas y serpentinas de colores. Los comerciantes colgaron carteles **que proclamaban** "¡Viva San Fermín!" en sus escaparates. Y dondequiera que se mirara, se respiraba emoción en el aire. El 6 de julio, **exactamente a** las 12:00 horas, las fiestas comenzaron oficialmente con un estallido. El sonido de los fuegos artificiales resonaba en las calles mientras todos animaban y bailaban alrededor de la Plaza del Castillo. La fiesta había comenzado. Durante nueve días seguidos, Pamplona se llenó de risas y buen humor día y noche. Nunca hubo un momento de aburrimiento, ya que siempre había **algo** que hacer o ver, desde conciertos en directo hasta corridas de toros o bailes tradicionales como el flamenco o las sevillanas.

La Fiesta de San Fermín

Het "Fiesta de San Fermn" is een aloude traditie in het kleine stadje Pamplona, Spanje. Elk jaar, op 6 juli, komt de stad tot leven met muziek, dans en **feestgedruis**. Het festival duurt negen dagen en **bereikt zijn hoogtepunt** met de stierenrennen op 14 juli. Voor veel inwoners en bezoekers is het Fiesta de San Fermn het hoogtepunt van hun **zomer**. Dit jaar was niet anders dan anders, want de voorbereidingen voor het festival begonnen al weken van tevoren. De straten werden schoongemaakt en versierd met kleurrijke spandoeken en slingers. Winkeliers hingen borden **met de tekst** "Viva San Fermn!" aan hun ramen. En overal waar je keek, hing er opwinding in de lucht. Op 6 juli, om **precies** 12 uur 's middags, begonnen de festiviteiten officieel met een knal! Het geluid van vuurwerk galmde door de straten terwijl iedereen juichte en danste rond het plein Plaza del Castillo. Het feest was begonnen! Negen dagen lang was Pamplona dag en nacht gevuld met gelach en vrolijkheid. Er was nooit een saai moment omdat er altijd **iets** te doen of te zien was - van live concerten tot stierengevechten en traditionele dansen zoals flamenco of sevillánas.

De toeschouwers gingen vaak de straat op om naar

Los curiosos solían salir a la calle para ver (y a veces participar) en estas actuaciones improvisadas que **se sucedían por toda** la ciudad. Una mañana durante la fiesta, María Elena se levantó temprano para adelantarse a sus tareas antes de salir a divertirse ese mismo día. Barrió el suelo, quitó el polvo de **las superficies** y lavó la ropa mientras tarareaba en voz baja; no podía evitar sentirse feliz hoy. No era sólo porque fueran Sanfermines -aunque eso ayudaba-, sino también porque **acababa de** ser aceptada en una universidad para estudiar medicina. Sentía que todo en su vida por fin encajaba después de años de lucha. Mientras trabajaba, la mente de María Elena se remontó a la primera vez que llegó a **Pamplona**. María Elena llegó a Pamplona hace cinco años, cuando se escapó de casa a los dieciséis. No pensaba quedarse mucho tiempo, sólo el suficiente para ganar algo de dinero y poder comprar un billete de autobús para ir a **Barcelona**, donde vivía su primo. Pero una vez que María Elena llegó a la pequeña ciudad enclavada en las **montañas de** los Pirineos, se dio cuenta de que tal vez éste podría ser su nuevo hogar.

deze geïmproviseerde optredens te kijken (en soms om mee te doen) **die** overal in de stad plaatsvonden. Op een ochtend tijdens la fiesta stond Maria Elena vroeg op om een begin te maken met haar klusjes, voordat ze later die dag uitging om zich te vermaken. Ze veegde vloeren, stofte **oppervlakken af** en deed de was terwijl ze in haar adem neuriede; ze kon het niet helpen dat ze zich vandaag gelukkig voelde. Het was niet alleen omdat het Sanfermines was - hoewel dat zeker hielp - maar ook omdat ze **onlangs** was toegelaten tot een universiteit om medicijnen te studeren. Het voelde alsof alles in haar leven eindelijk op zijn plaats viel na jaren van strijd. Terwijl ze werkte, Maria Elena's gedachten dwaalden terug naar toen ze voor het eerst aankwam in **Pamplona**. Maria Elena kwam voor het eerst naar Pamplona vijf jaar geleden toen ze weggelopen van huis op de leeftijd van zestien. Ze was niet van plan lang te blijven - net lang genoeg om wat geld te verdienen, zodat ze een buskaartje naar **Barcelona kon kopen**, waar haar neef woonde. Maar toen Maria Elena eenmaal in de kleine stad tegen de **bergen** van de Pyreneeën aankwam, besefte ze dat dit misschien wel haar nieuwe thuis kon worden.

Preguntas de comprensión

1. ¿Qué es la Fiesta de San Fermín?

2. ¿Cuándo se celebra la Fiesta de San Fermín?

3. ¿Qué es el encierro?

4. ¿Cuánto dura la Fiesta de San Fermín?

5. ¿Cuál es la historia de María Elena?

6. ¿Qué opina María Elena de la Fiesta de San Fermín?

7. ¿Qué hace María Elena en el trabajo?

8. ¿Cuál es el objetivo de María Elena cuando llega a Pamplona por primera vez?

9. ¿Por qué María Elena decide quedarse en Pamplona?

10. ¿Cuál es la reflexión de María Elena al final de la historia?

Begrip vragen

1. Wat is het Fiesta de San Fermn?

2. Wanneer vindt het Fiesta de San Fermn plaats?

3. Wat is de stierenrennen?

4. Hoe lang duurt het Fiesta de San Fermn?

5. Wat is Maria Elena's verhaal?

6. Wat vindt Maria Elena van het Fiesta de San Fermn?

7. Wat doet Maria Elena voor werk?

8. Wat is het doel van Maria Elena als zij voor het eerst in Pamplona aankomt?

9. Waarom besluit Maria Elena in Pamplona te blijven?

10. Wat is Maria Elena's spiegelbeeld aan het eind van het verhaal?

Semana Santa

Era Semana Santa y toda la ciudad estaba llena de entusiasmo. Las calles estaban **decoradas con** coloridos estandartes y flores, y todo el mundo vestía sus mejores galas. El aire estaba impregnado de olor a incienso y velas, y el sonido de las campanas de la iglesia llenaba el ambiente. María llevaba todo el año esperando la **Semana Santa**. Le encantaba ver las **procesiones de las** estatuas vestidas de forma elaborada por las calles. Ahora que es mayor, le encanta ir a misa en su iglesia local y participar en las festividades. Este año estaba **especialmente** emocionada porque su primo Diego vendría de visita desde Ciudad de México.

Diego llegó el **Jueves Santo** y los dos primos pasaron el día poniéndose al día. Dieron un paseo por la ciudad, admirando las decoraciones y disfrutando del ambiente festivo. El Viernes Santo, asistieron juntos a la misa y luego ayudaron a la madre de María a preparar la comida para la cena de Pascua. A Diego le **impresionó el** trabajo que suponía preparar platos tradicionales como los tamales y el mole poblano. El sábado por la noche, María llevó a Diego a su club favorito. Le sorprendió lo animado que estaba: la música **sonaba**, la gente bailaba por todas partes y no parecía haber

Semana Santa

Het was Semana Santa, en de hele stad gonsde van de opwinding. De straten waren **versierd** met kleurrijke vaandels en bloemen, en iedereen was gekleed in zijn mooiste kleren. De lucht was gevuld met de geur van wierook en kaarsen, en het geluid van kerkklokken vulde de lucht. Maria had het hele jaar uitgekeken naar **Semana** Santa. Ze keek graag naar de **processies** van de prachtig uitgedoste beelden door de straten. Nu ze ouder was, ging ze graag naar de mis in haar plaatselijke kerk en nam ze deel aan de festiviteiten. Dit jaar was ze **vooral** opgewonden omdat haar neef Diego uit Mexico Stad op bezoek zou komen.

Diego kwam aan op Witte **Donderdag**, en de twee neven hebben de dag doorgebracht met bijpraten. Ze maakten een wandeling door de stad, bewonderden de versieringen en namen de feestelijke sfeer in zich op. Op Goede Vrijdag woonden ze samen de mis bij en daarna hielpen ze Maria's moeder met het bereiden van het eten voor het paasdiner. Diego was onder de **indruk** van hoeveel werk er in het maken van traditionele gerechten zoals tamales en mole poblano ging zitten. Op zaterdagavond nam Maria Diego mee naar haar favoriete club. Hij was verbaasd over de levendigheid: er werd muziek **gedraaid**, overal werd

ninguna preocupación en el mundo. Era un fuerte **contraste** con el ambiente sombrío de principios de semana. Después, volvieron a casa cogidos del brazo bajo las estrellas, riendo y bromeando todo el camino hasta la casa de María. El domingo de Pascua **amaneció** muy temprano.

María y Diego se despertaron temprano para asistir a la misa antes de disfrutar de un banquete con los miembros de su familia que habían venido de toda la ciudad para la cena de **Pascua**. Después de la comida, se sentaron todos a charlar y a tomar café. Los adultos recordaron sus propias Semanas Santas **de la infancia** mientras Diego escuchaba con entusiasmo, queriendo empaparse lo más posible de su cultura durante su visita. Al anochecer, Diego se despidió del feliz grupo, **prometiendo** volver el año que viene. Dejó a María con una sensación de calidez en su corazón que perduró mucho tiempo después de su partida. Otro año más, la Semana Santa estaba a la vuelta de la esquina. María se moría de ganas de volver a ver a Diego, pues le parecía una eternidad desde que había vuelto a casa. Pasó los días previos a la llegada de su marido limpiando la casa de arriba a **abajo** y preparando todos sus platos favoritos. El Jueves Santo, Diego llegó con un gran abrazo para su primo.

gedanst en er leek geen vuiltje aan de lucht te zijn. Het was een groot **contrast** met de sombere stemming van eerder in de week. Na afloop liepen ze arm in arm onder de sterrenhemel naar huis, lachend en grapjes makend de hele weg terug naar Maria's huis. Paaszondag **begon** helder en vroeg.

Maria en Diego stonden vroeg op om de mis bij te wonen en daarna te genieten van een feestmaal met hun familieleden die uit de hele stad waren gekomen voor het paasdiner. Na de lunch zaten ze allemaal gezellig te praten en koffie te drinken. De volwassenen haalden herinneringen op aan hun eigen Semana Santas **uit hun kindertijd**, terwijl Diego gretig luisterde, omdat hij tijdens zijn bezoek zoveel mogelijk van zijn cultuur wilde meekrijgen. Toen de schemering begon in te vallen, nam Diego afscheid van de gelukkige groep, met **de belofte volgend jaar terug te** komen. Hij liet Maria achter met een gevoel van warmte in haar hart dat nog lang na hem bleef hangen. Het was weer een jaar geleden, en Semana Santa stond voor de deur. Maria kon niet wachten om Diego weer te zien - het leek wel een eeuwigheid geleden dat hij weer thuis was geweest. De dagen voor de komst **van haar man besteedde ze aan het van onder** tot **boven** schoonmaken van haar huis en het bereiden van al haar lievelingsgerechten. Op Witte Donderdag kwam Diego aan met een dikke knuffel voor zijn neef.

Preguntas de comprensión

1. ¿Qué es la Semana Santa?

2. ¿Con qué se decoran las calles durante la Semana Santa?

3. ¿Qué hace María el Viernes Santo?

4. ¿Cuál es la reacción de Diego ante el club favorito de María?

5. ¿Qué piensa Diego de su familia?

6. ¿Qué se celebra en Semana Santa?

7. ¿Cuánto tiempo lleva Diego fuera de casa?

8. ¿Qué hace María para preparar la visita de Diego?

9. ¿Quién acompaña a Diego al club favorito de María el sábado por la noche?

10. ¿Cuál es la principal diferencia entre el Jueves Santo y el Viernes Santo?

Begrip vragen

1. Wat is Semana Santa?

2. Waarmee zijn de straten versierd tijdens Semana Santa?

3. Wat doet Maria op Goede Vrijdag?

4. Wat is Diego's reactie op Maria's favoriete club?

5. Hoe denkt Diego over zijn familie?

6. Wat is Semana Santa een feest?

7. Hoe lang is Diego al van huis weg?

8. Wat doet Maria om zich voor te bereiden op Diego's bezoek?

9. Wie vergezelt Diego naar Maria's favoriete club op zaterdagavond?

10. Wat is het belangrijkste verschil tussen Witte Donderdag en Goede Vrijdag?

El día de los Reyes Magos

Era la noche de El Día de los Reyes Magos, y en toda España, los niños **esperaban** ansiosos la llegada de los Reyes Magos. En un pequeño **pueblo** de Andalucía, un niño llamado Pablo estaba especialmente emocionado. Había dejado un zapato para cada rey, lleno de heno para sus camellos y de caramelos para que los disfrutaran. **La madre** de Pablo le había dicho que si se acostaba temprano, los **reyes** vendrían mientras él dormía y le traerían **regalos**. Así que Pablo rezó sus oraciones y se acostó, deseoso de despertarse para encontrar los tesoros que le habían traído. A la mañana siguiente, cuando se despertó, había tres regalos bellamente envueltos **junto a** su cama, ¡uno para cada rey!

Alborozado por su buena suerte, Pablo los abrió enseguida... Dentro del primer regalo había un exquisito **collar de** oro; dentro del segundo, un flamante juego de pinturas; pero dentro del tercer regalo había algo aún más especial: ¡un llavero con tres llaves! Deben ser llaves mágicas, pensó Pablo **emocionado**, ¡justo lo que necesitaba para abrir las puertas de la aventura! Agradeciendo profusamente a

El día de los Reyes Magos

Het was de nacht van El Da de los Reyes Magos, en in heel Spanje keken de kinderen reikhalzend **uit naar** de komst van de Drie Koningen. In een klein **dorpje** in Andalusië was een jongetje genaamd Pablo bijzonder opgewonden. Hij had voor elke koning een schoen achtergelaten, gevuld met hooi voor hun kamelen en snoepjes om van te genieten. Pablo's **moeder** had hem gezegd dat als hij vroeg naar bed ging, de **koningen** zouden komen terwijl hij sliep en hem **geschenken** zouden brengen. Dus zei Pablo zijn gebeden op en ging naar bed, vol spanning om wakker te worden en te zien welke schatten ze hem hadden gebracht. Toen hij de volgende ochtend wakker werd, lagen er drie prachtig ingepakte geschenken **naast** zijn bed, voor elke koning één!

Dolgelukkig met zijn geluk maakte Pablo ze meteen open... In het eerste geschenk zat een prachtige gouden **halsketting**; in het tweede een gloednieuwe set verf; maar in het derde geschenk zat iets nog specialers: een sleutelhanger met drie sleutels eraan! Dit moeten magische sleutels zijn, dacht Pablo **opgewonden**, precies wat hij nodig had om deuren

los Reyes Magos en su cabeza, Pablo salió corriendo para empezar a explorar. La primera parada de Pablo fue el viejo molino abandonado en **las afueras** del pueblo. Siempre había sentido curiosidad por saber qué había dentro, ¡y ahora tenía la **oportunidad perfecta** para averiguarlo! Introdujo la llave número uno en la cerradura y la giró... pero no pasó nada. **Decepcionado**, Pablo probó con la llave número dos, pero tampoco funcionó.

 Justo cuando estaba a punto de darse por vencido, oyó un débil clic de la llave número tres: ¡éxito! La puerta se abrió con un chirrido y Pablo entró con cautela. Estaba muy oscuro y polvoriento, pero sus ojos pronto se adaptaron a la falta de luz. Lo que vio le hizo dar un grito de asombro: ¡había montones de monedas de oro **apiladas** a su alrededor! Parecía que alguien había escondido su tesoro aquí hace mucho tiempo y se había olvidado de él hasta ahora. **Temblando** de emoción, Pablo recogió todas las monedas que pudo cargar y corrió a su casa para mostrarle a su madre su increíble descubrimiento. La madre de Pablo se quedó tan sorprendida como él cuando vio las monedas de oro.

van avontuur te openen! Pablo bedankte de Drie Koningen hartelijk in zijn hoofd en rende naar buiten om op onderzoek uit te gaan. Pablo's eerste stop was de oude, verlaten molen aan **de rand** van het dorp. Hij was altijd al nieuwsgierig geweest naar wat daar binnen was, en nu had hij de perfecte **gelegenheid** om dat uit te zoeken! Hij stak sleutel nummer één in het slot en draaide eraan... maar er gebeurde niets. **Teleurgesteld** probeerde Pablo sleutel nummer twee, maar ook die werkte niet.

 Net toen hij het wilde opgeven, hoorde hij een vage klik van sleutel nummer drie - succes! De deur kraakte open, en Pablo stapte voorzichtig naar binnen. Het was er erg donker en stoffig, maar zijn ogen waren snel gewend aan het gebrek aan licht. Wat hij zag, deed hem verbaasd opkijken - stapels gouden munten rondom hem opgestapeld! Het leek wel of iemand hier lang geleden zijn schat had verstopt en het tot nu toe was vergeten. **Bevend** van opwinding schepte Pablo zoveel munten op als hij kon dragen en rende naar huis om zijn moeder zijn ongelooflijke ontdekking te laten zien. Pablo's moeder was net zo verbaasd als hij toen ze de gouden munten zag.

Preguntas de comprensión

1. ¿Qué es el Día de los Reyes Magos?

2. ¿Qué hizo Pablo en el Día de los Reyes Magos?

3. ¿Qué le dijo la madre de Pablo?

4. ¿Qué encontró Pablo cuando se despertó a la mañana siguiente?

5. ¿Qué pensó Pablo de las llaves?

6. ¿Qué hizo Pablo con las llaves?

7. ¿Qué encontró Pablo cuando usó las llaves?

8. ¿Cómo reaccionaron Pablo y su madre ante el descubrimiento?

9. ¿Qué le ocurrió a Pablo y a su familia a raíz del descubrimiento?

10. ¿Qué hace Pablo cada año en el Día de los Reyes Magos?

Begrip vragen

1. Wat is El Dia de los Reyes Magos?

2. Wat deed Pablo op El Dia de los Reyes Magos?

3. Wat heeft Pablo's moeder hem verteld?

4. Wat vond Pablo toen hij de volgende ochtend wakker werd?

5. Wat vond Pablo van de sleutels?

6. Wat heeft Pablo met de sleutels gedaan?

7. Wat heeft Pablo gevonden toen hij de sleutels gebruikte?

8. Hoe reageerden Pablo en zijn moeder op de ontdekking?

9. Wat gebeurde er met Pablo en zijn familie als gevolg van de ontdekking?

10. Wat doet Pablo elk jaar op El Dia de los Reyes Magos?

Procesión de Semana Santa

El sol empezaba a asomar por el horizonte cuando las primeras personas comenzaron a reunirse en la plaza. El parloteo y las **risas** de los que la rodeaban deberían haber sido reconfortantes, pero lo único que hicieron fue que Ana se sintiera más nerviosa. No era propio de ella estar tan nerviosa, pero esto era diferente. Esto era especial. Esta mañana iba a participar por primera vez en la procesión de Semana Santa. Antes siempre la había visto de reojo, pero ahora sería una de las **participantes**. Era un gran honor que le habían **concedido** los ancianos de su pueblo, y no quería defraudarlos. A medida que la gente entraba en la plaza, Ana sentía que el corazón se le **aceleraba** en el pecho. Intentó respirar hondo para calmarse, pero no pareció servir de mucho.

Finalmente, cuando faltaban pocos minutos para **que se pusieran** en marcha, le vio llegar. Pablo siempre había sido amable con ella desde que eran niños y se habían criado juntos en ese pequeño pueblo español enclavado entre montañas y valles. Le dedicó una sonrisa tranquilizadora mientras se colocaba a su lado en la fila y le dio un suave apretón de manos.

Paasprocessie

De zon begon net over de horizon te schijnen toen de eerste mensen zich op het plein begonnen te verzamelen. Het geklets en **gelach** van de mensen om haar heen had geruststellend moeten zijn, maar het enige wat het deed was Ana nog nerveuzer maken. Het was niets voor haar om zo nerveus te zijn, maar dit was anders. Dit was speciaal. Vanmorgen zou ze voor het eerst deelnemen aan de Paasprocessie. Vroeger had ze altijd vanaf de zijlijn toegekeken, maar nu zou ze een van de **deelnemers** zijn. Het was een grote eer die haar was **toegekend** door de ouderen van haar dorp, en ze wilde hen niet teleurstellen. Terwijl meer en meer mensen zich op het plein verzamelden, voelde Ana haar hart steeds sneller **kloppen** in haar borstkas. Ze probeerde diep adem te halen om zichzelf te kalmeren, maar het leek niet veel te helpen.

Eindelijk, toen er nog maar een paar minuten over waren voor ze **zouden** vertrekken, zag ze hem aankomen. Pablo was altijd aardig voor haar geweest sinds hun kinderjaren, toen ze samen opgroeiden in dit kleine **Spaanse** dorp, genesteld tussen bergen en valleien. Hij gaf haar een geruststellende glimlach toen

Ese **simple** gesto hizo que todos los nervios de Ana **desaparecieran** al instante, y sintió que se relajaba por primera vez en todo el día. Con Pablo a su lado, sabía que todo iría bien. La procesión comenzó con el sonido de una trompeta que tocaba una melodía sombría. Lentamente, todos empezaron a avanzar, abriéndose paso **por las** calles llenas de gente que había salido a ver.

Algunos aplaudían y vitoreaban, mientras que otros permanecían en silencio con miradas de reverencia en sus rostros. Ana sintió que sus propias emociones se **agolpaban** al pensar en lo que representaba este día. Era un día de renacimiento y esperanza, un momento en el que todos podrían empezar de nuevo. El peso de la responsabilidad que había sentido durante toda la mañana pareció desaparecer de sus hombros mientras **caminaba** con confianza junto a Pablo. Sabía que, pasara lo que pasara, él siempre estaría a su lado. Al doblar la última esquina de la **plaza** donde se encontraba la iglesia, Ana vio a su familia de pie a un lado saludándola. Su madre y su padre tenían lágrimas en los ojos, **pero** sonreían ampliamente.

hij naast haar in de rij ging staan en gaf haar een zacht kneepje in haar hand. Dat **simpele** gebaar deed al Ana's zenuwen meteen **verdwijnen**, en ze voelde zich ontspannen voor wat voelde als de eerste keer de hele dag lang. Met Pablo aan haar zijde, wist ze dat alles goed zou komen. De processie begon met het geluid van een trompet die een somber deuntje speelde. Langzaam begon iedereen zich een weg te banen **door** de straten vol mensen die gekomen waren om te kijken.

Sommigen **juichten** en klapten, terwijl anderen zwijgend stonden met een blik van eerbied op hun gezicht. Ana voelde haar eigen emoties **opborrelen** toen ze dacht aan wat deze dag betekende. Het was een dag van wedergeboorte en hoop, een tijd waarin ze allemaal opnieuw konden beginnen. Het gewicht van de verantwoordelijkheid dat ze de hele ochtend had gevoeld leek van haar schouders te vallen toen ze zelfverzekerd naast Pablo liep. Ze wist dat wat er ook gebeurde, hij altijd aan haar zijde zou zijn. Toen ze de laatste hoek omgingen naar het **plein** waar de kerk stond, zag Ana haar familie aan de zijkant staan en naar haar zwaaien. Haar vader en moeder hadden allebei tranen in hun ogen, maar glimlachten **toch** breeduit.

Preguntas de comprensión

1. ¿Qué representa la procesión de Semana Santa?

2. ¿Cómo se siente Ana al participar en la procesión?

3. ¿Quién es Pablo?

4. ¿Cómo cambia el estado de ánimo de Ana cuando ve a Pablo?

5. ¿Qué significa el toque de la trompeta?

6. ¿Cómo reaccionan los espectadores ante la procesión?

7. ¿Qué emociones siente Ana durante la procesión?

8. ¿Qué significa que la familia de Ana esté en la iglesia?

9. ¿Cómo se reúne el pueblo durante la Semana Santa?

10. ¿Cuál es la opinión general de Ana sobre su pueblo?

Begrip vragen

1. Wat stelt de Paasprocessie voor?

2. Wat vindt Ana ervan om deel te nemen aan de processie?

3. Wie is Pablo?

4. Hoe verandert Ana's stemming als ze Pablo ziet?

5. Wat betekent het trompetgeschal?

6. Hoe reageren de toeschouwers op de processie?

7. Welke emoties voelt Ana tijdens de processie?

8. Wat is de betekenis van Ana's familie die in de kerk is?

9. Hoe komt het dorp samen met Pasen?

10. Wat is Ana's algemene mening over haar dorp?

El Canto del Gallo

El canto del gallo era el primer sonido del día. Siempre era tan puntual, como si se hubiera puesto un despertador. El sol aún no había salido, pero el cielo empezaba a **clarear**. Por toda la granja, los animales se movían y **se** preparaban para otro día. El gallo se pavoneaba por el corral, ladeando la cabeza y mostrándose orgulloso. Sabía que era el **responsable** de empezar cada nuevo día. Le encantaba su trabajo y se sentía muy orgulloso de él. De repente, se oyó un fuerte golpe. El gallo miró y vio que una de las puertas del granero se había abierto con el viento. ¡Oh, oh! Eso significaba que todos los animales podrían salir si él no hacía **algo** rápido. El gallo corrió hacia la puerta abierta y trató de cerrarla, pero era demasiado pesada. Pidió ayuda, pero no **parecía haber** nadie cerca. En ese momento, vio a una gallina que pasaba por allí. "¡Ayúdame!", gritó.

"¡Los animales saldrán todos si no cerramos esta puerta!" La gallina corrió hacia allí, y **juntos** pudieron finalmente empujar la puerta para cerrarla. ¡Uf! ¡Ha estado cerca! El gallo respiró aliviado y agradeció a la gallina su ayuda. Cuando empezó a salir el sol, la granja se llenó de actividad. Todos los **animales** estaban ocupados en sus tareas cotidianas. Las

El Canto del Gallo

Het kraaien van de haan was het eerste geluid van de dag. Hij was altijd zo stipt, alsof hij een wekker voor zichzelf had ingesteld. De zon was nog niet opgekomen, maar de lucht begon al lichter te **worden**. Overal op de boerderij roerden de dieren zich en **maakten zich klaar** voor een nieuwe dag. De haan paradeerde rond het erf, zijn kop opheffend en trots kijkend. Hij wist dat hij **verantwoordelijk** was voor het begin van elke nieuwe dag. Hij hield van zijn werk en was er erg trots op. Plotseling was er een luide klap! De haan keek om en zag dat één van de schuurdeuren was opengewaaid door de wind. Uh oh! Dat betekende dat alle dieren eruit konden komen als hij niet snel **iets** deed! De haan rende naar de open schuurdeur en probeerde hem dicht te duwen, maar het was te zwaar. Hij riep om hulp, maar er **leek** niemand in de buurt te zijn. Op dat moment zag hij een kip voorbij lopen. "Help me!" riep hij.

"De dieren zullen allemaal ontsnappen als we deze deur niet dicht doen!" De kip rende erheen, en **samen** konden ze eindelijk de deur dicht duwen. Phew! Dat was op het nippertje! De haan slaakte een zucht van verlichting en bedankte de kip voor haar hulp. Toen de zon begon op te komen, kwam de boerderij tot leven

gallinas escarbaban en la tierra en busca de insectos, las vacas pastaban en los pastos e incluso los cerdos se bañaban en el barro en su corral. Era otro hermoso día en la granja gracias a El Canto del Gallo. Todos los días, el gallo se despertaba temprano y cantaba para empezar el nuevo día. Era un trabajo que le encantaba y del que se sentía muy orgulloso. Sabía que era el **responsable** de que todos los habitantes de la granja empezaran el día. Y siempre hacía todo lo posible para que fuera bueno.

Un día, el gallo se despertó y vio que ya había salido el sol. Estaba sorprendido. **Nunca** había llegado tarde a su clase. Enseguida **se dio cuenta de que se había** quedado dormido. ¿Qué pensaría todo el mundo? Salió a toda prisa del establo y vio que todos los **animales** estaban ocupados en sus tareas habituales. Nadie parecía darse cuenta de que llegaba tarde. ¡Uf! Estuvo a punto de llegar. El gallo **aprendió** la lección y, a partir de entonces, siempre ponía un despertador para asegurarse de no volver a quedarse dormido. El gallo siguió cantando todas las mañanas y la granja siguió funcionando sin problemas. Los animales estaban **felices** y sanos, y **todo el mundo** los quería. El Canto del Gallo.

met activiteit. Alle **dieren** waren druk bezig met hun dagelijkse taken. De **kippen** scharrelden in de modder op zoek naar insecten, de koeien graasden in de wei, en zelfs de varkens baadden in de modder in hun hok. Het was weer een mooie dag op de boerderij dankzij El Canto del Gallo - het lied van de haan! Elke dag werd de haan vroeg wakker en kraaide om de nieuwe dag te beginnen. Het was een baan waar hij van hield en erg trots op was. Hij wist dat hij **verantwoordelijk** was om ervoor te zorgen dat iedereen op de boerderij aan zijn dag kon beginnen. En hij deed altijd zijn best om ervoor te zorgen dat het een goede dag werd!

Op een dag werd de haan wakker en ontdekte dat de zon al op was. Hij was geschokt! Hij was **nog nooit** te laat gekomen voor zijn les. Hij **besefte** al snel dat hij zich verslapen moest hebben. Oh nee! Wat zou iedereen wel niet denken? Hij haastte zich de schuur uit en zag dat alle **dieren** druk bezig waren met hun dagelijkse bezigheden. Niemand scheen te merken dat hij te laat was. Oef! Dat was op het nippertje! De haan **had** zijn lesje **geleerd** en zette vanaf dat moment altijd een wekker om er zeker van te zijn dat hij zich niet weer zou verslapen! De haan bleef elke morgen kraaien, en de boerderij bleef goed draaien. De dieren waren allemaal **gelukkig** en gezond, en **iedereen** hield van ze. El Canto del Gallo.

Preguntas de comprensión

1. ¿Por qué el gallo se retrasó un día?

2. ¿Cómo se sentía el gallo en su trabajo?

3. ¿Qué hizo el gallo cuando vio la puerta del granero abierta?

4. ¿Cómo ayudó la gallina al gallo?

5. ¿Qué hacían los animales cuando el gallo se despertó tarde un día?

6. ¿Por qué el gallo empezó a poner el despertador?

7. ¿Cómo reaccionaron los demás animales cuando el gallo se quedó dormido?

8. ¿Cómo se sintió el gallo después de quedarse dormido?

9. ¿Qué lección aprendió el gallo?

10. ¿Por qué la granja era feliz y saludable?

Begrip vragen

1. Waarom was de haan een dag te laat?

2. Hoe voelde de haan zich over zijn baan?

3. Wat deed de haan toen hij zag dat de schuurdeur open stond?

4. Hoe heeft de kip de haan geholpen?

5. Wat waren de dieren aan het doen toen de haan op een dag laat wakker werd?

6. Waarom begon de haan een wekker te zetten?

7. Hoe reageerden de andere dieren toen de haan zich versliep?

8. Hoe voelde de haan zich nadat hij zich verslapen had?

9. Welke les heeft de haan geleerd?

10. Waarom was de boerderij gelukkig en gezond?

Carnaval de Cádiz

El sol se ponía un día más en Cádiz y en las calles se escuchaba el sonido de la **música** y las risas. Es tiempo de **Carnaval** y todo el mundo está de fiesta. El aire huele a pescado frito y churros, y las calles están decoradas con serpentinas y confeti. Todo el mundo se **vestía** con sus mejores galas, dispuesto a festejar hasta el amanecer. El ambiente era electrizante y la gente bailaba por **las calles al** son de las bandas que tocaban música tradicional **española** en directo. A medida que avanzaba la noche, la fiesta se volvía más salvaje y festiva.

La gente se reía y cantaba a pleno pulmón, y había un sentimiento de alegría en el aire. Las bandas tocaban más fuerte y más rápido mientras la gente bailaba con desenfreno. Las calles se llenan de gente feliz, disfrutando de la mejor noche del año. De repente, se produce un **revuelo** en un extremo de la calle. Un grupo de hombres había empezado a pelearse, y pronto se convirtió en una pelea en toda regla. Se lanzaban **botellas** y se daban **puñetazos a diestro** y siniestro. Parecía que la cosa se iba a poner fea rápidamente. La policía llegó rápidamente para disolver la pelea, pero ya era demasiado tarde. El daño ya estaba hecho, tanto a la propiedad como a la sensación

Carnaval de Cádiz

De zon ging onder op een nieuwe dag in Cádiz, en de straten waren levendig met het geluid van **muziek** en gelach. Het was **Carnaval**, en iedereen was in een feeststemming. De lucht hing vol met de geur van gebakken vis en churros, en de straten waren versierd met slingers en confetti. Iedereen was **uitgedost** in zijn mooiste kleren, klaar om te feesten tot het ochtendgloren. Er heerste een elektrische sfeer terwijl de mensen door de **straten** dansten op de klanken van live bands die traditionele **Spaanse** muziek speelden. Naarmate de nacht vorderde, werd het feest steeds wilder en feestelijker.

De mensen lachten en zongen uit volle borst, en er hing een gevoel van vreugde in de lucht. De bands speelden luider en sneller en de mensen dansten met overgave. De straten waren gevuld met vrolijke feestvierders die genoten van de beste avond van het jaar. Plotseling was er **commotie** aan het eind van de straat. Een groep mannen begon te vechten, en al snel escaleerde het in een regelrechte vechtpartij. Er werd met **flessen** gegooid en **er werd** links en rechts geslagen. Het zag er naar uit dat het snel uit de hand zou lopen. De politie was snel ter plaatse om het gevecht te beëindigen, maar toen was het al te laat. De schade was al

de seguridad de la gente. El ambiente de la fiesta se había visto alterado por la violencia, y mucha gente empezó a marcharse a casa antes de tiempo. Fue un final **decepcionante** para lo que debería haber sido una noche de diversión para todos. Al día siguiente, las calles estaban tranquilas mientras la gente intentaba recuperarse de los acontecimientos de la noche anterior.

Había un sentimiento de **tristeza en el aire, ya** que mucha gente había estado esperando el Carnaval todo el año. Era el momento de soltarse y divertirse, pero ahora tenían la sensación de que eso les había sido arrebatado. Algunos comercios incluso se **plantearon** no abrir este año para el **Carnaval, por** miedo a que volviera a ocurrir algo como lo de anoche. Pero a pesar de todo, todavía hay quienes se niegan a dejar morir el espíritu del Carnaval. Esta noche volverán a salir a la calle, a bailar y a cantar con las bandas de música tradicional **española**. El espectáculo debe continuar. "Es otra noche de Carnaval en Cádiz, y las calles vuelven a estar llenas de música y risas. A pesar de lo ocurrido anoche, la gente está **decidida** a disfrutar. El ambiente está más apagado que antes, pero sigue habiendo un sentimiento de alegría en el aire. La gente baila y canta al ritmo de las bandas que tocan música **tradicional** española.

aangericht, zowel aan eigendommen als aan het gevoel van veiligheid van de mensen. De feeststemming was doorbroken door geweld, en veel mensen begonnen vroeg naar huis te gaan. Het was een **teleurstellend** einde van wat voor alle betrokkenen een leuke avond had moeten worden. De volgende dag was het rustig op straat omdat de mensen probeerden bij te komen van de gebeurtenissen van de vorige nacht.

Er hing een gevoel van **droefheid** in de lucht, want veel mensen hadden het hele jaar uitgekeken naar Carnaval. Het was een tijd om zich uit te leven en plezier te maken, maar nu voelde het alsof dat van hen was afgenomen. Sommige bedrijven **overwogen** zelfs om dit jaar niet open te gaan met **carnaval**, uit angst dat er weer zoiets als gisteravond zou kunnen gebeuren. Maar ondanks alles zijn er nog steeds mensen die weigeren om de geest van Carnaval te laten sterven. Zij zullen vanavond weer de straat opgaan om te dansen en mee te zingen met de bands die traditionele **Spaanse** muziek spelen. De show moet doorgaan. "Het is weer carnavalsnacht in Cádiz en de straten zijn weer vol muziek en gelach. Ondanks wat er gisteravond is gebeurd, zijn de mensen **vastbesloten** om zich te vermaken. De sfeer is meer ingetogen dan voorheen, maar er hangt nog steeds een gevoel van vreugde in de lucht. De mensen dansen en zingen mee met de live bands die **traditionele** Spaanse muziek spelen.

Preguntas de comprensión

1. ¿Cómo es el ambiente en las calles durante el Carnaval?

2. ¿Cómo reacciona la gente cuando se produce una pelea durante las fiestas?

3. ¿Qué significado tiene el Carnaval para los gaditanos?

4. ¿Cómo se siente la gente después de los acontecimientos de la noche anterior?

5. ¿Cómo es el ambiente entre los juerguistas a medida que avanza la noche?

6. ¿Por qué estalló la pelea en primer lugar?

7. ¿Cómo maneja la policía la situación?

8. ¿Cómo se compara la pelea con la de la noche anterior?

9. ¿Qué sugiere la conmoción al final de la calle sobre la determinación de la gente?

10. ¿Cuál es el mensaje general del texto?

Begrip vragen

1. Hoe is de sfeer in de straten tijdens Carnaval?

2. Hoe reageren de mensen als er tijdens de festiviteiten een vechtpartij uitbreekt?

3. Wat is de betekenis van Carnaval voor de bevolking van Cadiz?

4. Hoe voelen mensen zich na de gebeurtenissen van de vorige nacht?

5. Hoe is de stemming onder de feestvierders als de nacht vordert?

6. Waarom brak het gevecht in de eerste plaats uit?

7. Hoe gaat de politie met de situatie om?

8. Hoe is het gevecht te vergelijken met de vechtpartij van de vorige avond?

9. Wat suggereert de commotie aan het eind van de straat over de vastberadenheid van de mensen?

10. Wat is de algemene boodschap van de tekst?

La batalla de Nerja

La batalla de Nerja fue un punto de inflexión en la guerra contra los **moros**. También fue una batalla sangrienta y brutal, en la que ambos bandos sufrieron grandes bajas. Los **cristianos** estaban **en inferioridad numérica** y de armamento, pero lucharon con valentía y finalmente salieron victoriosos. Esta victoria les dio el **impulso que** necesitaban para ganar la guerra, y también demostró al pueblo de España que eran capaces de derrotar a los moros. La batalla comenzó temprano en la mañana, con los moros atacando el campamento **cristiano**. Los cristianos fueron tomados por **sorpresa,** pero rápidamente se reanimaron y contraatacaron. Los dos bandos lucharon ferozmente durante horas, sin que ninguno de ellos pudiera obtener ventaja. Al ponerse el sol, parecía que la batalla acabaría en tablas.

Sin embargo, cuando parecía que los **combates** se detendrían por esta noche, un grupo de soldados españoles logró romper las líneas moras. Entraron en el corazón del territorio enemigo y los tomaron por sorpresa. Este repentino ataque cambió el rumbo de la batalla y pronto todos los moros se retiraron o murieron. Los **cristianos** habían obtenido una victoria

De slag om Nerja

De Slag om Nerja was een keerpunt in de oorlog tegen de **Moren**. Het was ook een bloedige en wrede strijd, waarbij aan beide zijden veel slachtoffers vielen. De **christenen** waren **in de minderheid** en in de minderheid, maar ze vochten dapper en kwamen uiteindelijk als overwinnaars uit de strijd. Deze overwinning gaf hen het **momentum** dat ze nodig hadden om de oorlog te winnen, en het toonde ook het Spaanse volk dat zij in staat waren om de Moren te verslaan. De strijd begon vroeg in de ochtend, toen de Moren het **christelijke kamp** aanvielen. De christenen werden **overrompeld**, maar kwamen snel weer bij elkaar en vochten terug. De twee partijen vochten urenlang hevig, en geen van beide kon een voordeel behalen. Toen de zon begon onder te gaan, leek het erop dat de strijd in een patstelling zou eindigen.

Maar net toen het leek dat de **gevechten** voor de nacht zouden ophouden, slaagde een groep Spaanse soldaten erin door de Moorse linies te breken. Ze vielen aan in het hart van het vijandelijke gebied en overrompelden hen. Deze plotselinge aanval deed het tij van de strijd keren, en spoedig waren alle Moren teruggetrokken of dood. De **Christenen** hadden een

decisiva. Tras la batalla, los soldados españoles fueron aclamados como héroes. Habían demostrado un gran valor y determinación frente a unas probabilidades abrumadoras, y habían ayudado a cambiar el rumbo de la guerra. La Batalla de Nerja fue un punto de inflexión en la historia de España, y es recordada con cariño por los que lucharon en ella. Hoy en día, el lugar de la Batalla de Nerja es un popular destino turístico. Los visitantes pueden ver el campo de batalla en el que los **soldados españoles** lucharon con tanto valor, y también pueden conocer la historia de este importante acontecimiento. La Batalla de Nerja es una parte **importante del** pasado de España, y siempre será recordada por aquellos que visiten este lugar tan especial. La Batalla de Nerja es una parte **importante de la historia de España, y siempre será recordada por quienes visiten este lugar tan especial**.

La batalla de Nerja fue un punto de **inflexión** en la guerra contra los moros. También fue una batalla sangrienta y brutal, en la que ambos bandos **sufrieron** grandes **bajas**. Los cristianos estaban en inferioridad numérica y de armamento, pero lucharon con valentía y finalmente salieron **victoriosos**. Esta victoria les dio el impulso que necesitaban para ganar la guerra, y también demostró al pueblo de España que eran capaces de derrotar a los moros.

beslissende overwinning behaald! Na de slag werden de **Spaanse** soldaten bejubeld als helden. Zij hadden grote moed en vastberadenheid getoond tegenover overweldigende tegenslagen, en zij hadden geholpen om het tij van de oorlog te keren. De Slag bij Nerja was een keerpunt in de Spaanse geschiedenis en wordt door degenen die er vochten met liefde herdacht. Tegenwoordig is de plaats van de Slag bij Nerja een populaire toeristische bestemming. Bezoekers kunnen het slagveld zien waar de Spaanse **soldaten** zo dapper vochten, en ze kunnen ook meer te weten komen over de geschiedenis van deze belangrijke gebeurtenis.
De Slag bij Nerja is een **belangrijk** onderdeel van het verleden van Spanje, en zal altijd in herinnering blijven bij degenen die deze bijzondere plek bezoeken.
De Slag om Nerja is een **belangrijk onderdeel van** de Spaanse geschiedenis, en zal altijd in herinnering blijven bij diegenen die deze bijzondere plek bezoeken.

De Slag om Nerja was een keerpunt in de oorlog tegen de Moren. Het was ook een bloedige en wrede strijd, waarbij aan beide zijden veel **slachtoffers vielen**. De christenen waren in de minderheid en in de minderheid, maar ze vochten dapper en kwamen uiteindelijk **als overwinnaars uit de strijd**. Deze overwinning gaf hen het momentum dat ze nodig hadden om de oorlog te winnen, en het toonde ook het Spaanse volk dat zij in staat waren om de Moren te verslaan.

Preguntas de comprensión

1. ¿Cuál fue el punto de inflexión en la guerra contra los moros?

2. ¿Qué fue la batalla de Nerja?

3. ¿Quién ganó la batalla?

4. ¿Cuáles fueron las consecuencias de la batalla?

5. ¿Cuál fue la reacción del pueblo español después de la batalla?

6. ¿Cómo se recuerda la Batalla de Nerja?

7. ¿Cuál es la importancia de la batalla de Nerja?

8. ¿Qué ocurrió durante la batalla?

9. ¿Cómo consiguieron los soldados españoles ganar la batalla?

10. ¿Qué pueden ver los visitantes cuando van al lugar de la batalla hoy en día?

Begrip vragen

1. Wat was het keerpunt in de oorlog tegen de Moren?

2. Wat was de Slag om Nerja?

3. Wie won de strijd?

4. Wat waren de gevolgen van de veldslag?

5. Wat was de reactie van het Spaanse volk na de slag?

6. Hoe werd de Slag om Nerja herdacht?

7. Wat is de betekenis van de Slag bij Nerja?

8. Wat gebeurde er tijdens de veldslag?

9. Hoe slaagden de Spaanse soldaten erin de slag te winnen?

10. Wat kunnen bezoekers zien als ze vandaag naar de plaats van de veldslag gaan?

Fiesta de San Juan

El sol se ponía en la pequeña ciudad de Sant Joan. Las calles estaban vacías, a excepción de algunos rezagados que volvían a casa después de la fiesta del día. En el centro del pueblo, una hoguera arde con fuerza, **rodeada** de gente que baila y canta. Era la **fiesta** de Santa Juana, y todo el mundo estaba de fiesta. Al caer la noche, la fiesta continúa. La gente bebía y bailaba en torno a la hoguera hasta que, cerca de la medianoche, se desplomaba exhausta. Mientras estaban tumbados mirando las estrellas, podían oír las risas y la música de otros pueblos donde se **celebraban fiestas** similares. Fue un momento feliz para todos los que lo celebraron. A la mañana siguiente, el pueblo bullía de actividad. La gente estaba ocupada limpiando el desorden de la noche anterior y preparándose para los eventos del día.

Había un desfile por la ciudad, seguido de más bailes y cantos. A medida que avanzaba el día, la gente empezaba a llegar al pueblo desde todas partes. Venían de cerca y de lejos para participar en los **festejos**. Las calles pronto se llenaron de gente de todas las edades, riendo y disfrutando. El desfile fue un espectáculo de colores, con carrozas adornadas

Festival van Sant Joan

De zon ging onder in het kleine stadje Sant Joan. De straten waren leeg, op een paar achterblijvers na die op weg waren naar huis na de festiviteiten van de dag. In het centrum van de stad brandde een vreugdevuur, **omringd** door dansende en zingende mensen. Het was het **feest** van Sint Joan, en iedereen was in een feestelijke stemming. Toen de avond viel, ging het feest verder. Mensen dronken en dansten rond het vuur tot ze uiteindelijk rond middernacht uitgeput in elkaar zakten. Terwijl ze daar lagen **en** naar de sterren keken, konden ze in de verte gelach en muziek horen uit andere steden waar soortgelijke **feesten plaatsvonden**. Het was een gelukkige tijd voor allen die het **vierden**. De volgende ochtend gonsde het van de bedrijvigheid in de stad. De mensen waren druk bezig de rotzooi van de vorige avond op te ruimen en zich klaar te maken voor wat er de volgende dag zou gebeuren.

Er zou een optocht door de stad zijn, gevolgd door meer dansen en zingen. Naarmate de dag vorderde, begonnen mensen van overal de stad binnen te druppelen. Ze kwamen van heinde en verre om deel te nemen aan de **festiviteiten**. De straten waren al

con flores y **serpentinas**. La música era fuerte y animada, haciendo que todo el mundo moviera los pies. Al terminar, todos se dirigieron a la hoguera, donde volvieron a bailar hasta bien entrada la noche. El último día del festival, todos se entristecen al ver que llega a su fin. Pero **sabían que se llevarían** muchos **recuerdos felices**. Cuando el sol se puso en Sant Joan, la gente se reunió alrededor de la hoguera por última vez. Cantaron y bailaron hasta quedar exhaustos, y luego volvieron a desplomarse alrededor de la hoguera. Mientras miraban las estrellas, podían oír las risas y la música procedentes de otros **pueblos** donde se **celebraban fiestas** similares. Fue un momento feliz para todos los que lo celebraron".

A la mañana siguiente, la gente empezó a recoger sus cosas y a despedirse de los demás. Prometieron mantenerse en contacto y volver a verse el año que viene en el festival. Al marcharse, miraron al pueblo de Sant Joan con buenos recuerdos. Era un lugar **especial** en el que habían **compartido** muchos momentos felices. Siempre guardarán esos recuerdos. Al año siguiente, la gente volvía a venir de todas partes para celebrar la Fiesta de Sant Joan.

snel gevuld met mensen van alle leeftijden, die lachten en zich vermaakten. De parade was een kleurrijk spektakel, met praalwagens versierd met bloemen en **slingers**. De muziek was luid en levendig en bracht iedereen in beweging. Na afloop ging iedereen terug naar het kampvuur, waar nog tot diep in de nacht werd gedanst. Op de laatste dag van het festival was iedereen verdrietig om het einde. Maar ze **wisten** dat ze veel mooie **herinneringen** zouden hebben om mee te nemen. Toen de zon onderging op Sant Joan, verzamelden de mensen zich nog een laatste keer rond het vreugdevuur. Ze zongen en dansten tot ze uitgeput waren, en zakten toen weer in elkaar rond het vuur. Terwijl ze naar de sterren keken, hoorden ze gelach en muziek uit andere **steden** waar soortgelijke **feesten plaatsvonden**. Het was een gelukkige tijd voor allen die het vierden."

De volgende ochtend begonnen de mensen hun spullen in te pakken en afscheid van elkaar te nemen. Ze beloofden contact te houden en elkaar volgend jaar op het festival weer te ontmoeten. Toen ze vertrokken, keken ze met fijne herinneringen terug op het stadje Sant Joan. Het was een **speciale** plaats waar ze **samen** vele gelukkige momenten hadden beleefd. Ze zouden die herinneringen altijd koesteren. Het jaar **daarop** kwamen de mensen weer van heinde en verre om het Feest van Sant Joan te vieren.

Preguntas de comprensión

1. ¿Cuál es el nombre del festival?

2. ¿Cuándo se celebra el festival?

3. ¿Para qué sirve la hoguera?

4. ¿Qué hace la gente en el festival?

5. ¿Cómo es el desfile?

6. ¿Qué hace la gente el último día del festival?

7. ¿Qué recuerdos tiene la gente del festival?

8. ¿Con qué frecuencia se celebra el festival?

9. ¿Qué hace la gente en la hoguera?

10. ¿Qué puedes oír cuando miras a las estrellas?

Begrip vragen

1. Wat is de naam van het festival?

2. Wanneer vindt het festival plaats?

3. Waar wordt het vreugdevuur voor gebruikt?

4. Wat doen de mensen op het festival?

5. Hoe is de parade?

6. Wat doen de mensen op de laatste dag van het festival?

7. Wat zijn de herinneringen van de mensen aan het festival?

8. Hoe vaak vindt het festival plaats?

9. Wat doen de mensen bij het vreugdevuur?

10. Wat kun je horen als je naar de sterren kijkt?

En la playa

Después del amanecer, las olas son más fuertes y la arena sobre la marea es blanca. Bajo a la playa, **admirando** el mar y el sol. Mis dedos sienten los surcos de las conchas. La arena está fría en mis dedos. Sonrío y sigo adelante. La marea está alta, así que tengo que tener cuidado de que no me arrastre. Camino por la orilla del agua, admirando el mar. El amanecer es **precioso** y las olas rompen. Me siento muy tranquila. Llego a un lugar donde hay un afloramiento de roca. Me siento y observo las olas. El agua es tan azul y el cielo tan **naranja**. Me siento como en un sueño. Cierro los ojos y sólo escucho las olas. Me siento allí durante mucho tiempo, hasta que oigo que alguien me llama por mi nombre.

Abro los ojos y veo a mi madre caminando hacia mí. Tiene una mirada de preocupación. Sonrío y la saludo con la mano, y se **relaja**. "Me preguntaba adónde habías ido", dice. "Me alegro de que estés disfrutando de la playa". Le respondo: "Sí". "Esto es muy bonito". "Lo sé", dice ella. "Yo solía venir aquí todo el tiempo cuando tenía tu edad". "¿De verdad?" Pregunto. "Sí", responde. "Es un lugar especial". "¿Has conocido a alguien especial aquí?" le pregunto. "Sí", responde con una sonrisa. "A tu padre". "¿De verdad?" Digo,

Op het strand

Na zonsopgang zijn de golven luider en het zand boven de vloed is wit. Ik loop naar het strand en **bewonder** de zee en de zon. Mijn tenen voelen de groeven van schelpen. Het zand is koud aan mijn tenen. Ik glimlach en loop door. Het is vloed, dus ik moet oppassen dat ik er niet in word getrokken. Ik loop langs de waterkant en bewonder de zee. De zonsopgang is **prachtig**, en de golven beuken. Ik voel me zo vredig. Ik kom op een plek waar een rots uitsteekt. Ik ga zitten en kijk naar de golven. Het water is zo blauw en de lucht is zo **oranje**. Ik voel me alsof ik in een droom ben. Ik sluit mijn ogen en luister alleen maar naar de golven. Ik zat daar een hele tijd, tot ik iemand mijn naam hoorde roepen.

Ik open mijn ogen en zie mijn moeder naar me toe lopen. Ze heeft een bezorgde blik op haar gezicht. Ik glimlach en zwaai, en ze **ontspant zich**. "Ik vroeg me al af waar je was," zegt ze. "Ik ben blij dat je van het strand geniet." Ik antwoord: "Dat doe ik." "Het is hier zo mooi." "Ik weet het," zegt ze. "Ik kwam hier altijd toen ik zo oud was als jij." "Echt waar?" Vraag ik. "Ja," antwoordt ze. "Het is een speciale plek." "Heb je hier ooit een speciaal iemand ontmoet?" Vraag ik. "Ik wel," antwoordt ze met een glimlach. "Je vader." "Echt waar?" Zeg ik, **verbaasd**. "Ja," zegt ze. "We kwamen hier altijd

sorprendido. "Sí", dice ella. "Solíamos venir aquí siempre juntos. Es donde nos enamoramos". "Sonrío, **imaginando a** mis padres enamorándose en esta hermosa playa. "Es un lugar especial", repite. "Me alegro de que hayas venido hoy".

Nos quedamos sentados un rato más, **mirando** las olas y la puesta de sol. Luego nos levantamos y volvemos a nuestras toallas de playa. Me tumbo y miro las estrellas. Me siento muy feliz y contenta. Las olas son más fuertes y la arena está fría. El sol se pone y sopla una brisa fresca. Las olas chocan contra la orilla y el aire huele a sal. Es una tarde perfecta para estar en la playa. Estoy caminando por la orilla, **escuchando el** sonido de las olas y viendo la puesta de sol. Veo a un grupo de personas sentadas en la arena, riendo y bromeando. Parece que se lo están pasando muy bien. Me acerco a ellos y les pregunto si puedo unirme a ellos. Me dicen que sí y pasamos el resto de la tarde hablando, riendo y viendo la **puesta de sol**. Es una noche perfecta. El grupo y yo hablamos hasta que se pone el sol. Compartimos anécdotas y bromas, y nos lo pasamos muy bien. Cuando la noche empieza a caer, todos empezamos a sentirnos cansados. Nos **despedimos** con un beso y nos separamos. Vuelvo a mi hotel, feliz y contento. No puedo creer lo bonito que es esto. Tengo mucha suerte de haberlo **vivido**.

samen. Het is waar we verliefd werden. " Ik glimlach en **stel me voor hoe** mijn ouders verliefd werden op dit prachtige strand. "Het is een speciale plek," herhaalt ze. "Ik ben blij dat je hier vandaag bent."

We zitten daar nog een tijdje, **kijken naar** de golven en de zonsondergang. Dan staan we op en lopen terug naar onze strandhanddoeken. Ik ga liggen en kijk naar de sterren. Ik voel me zo gelukkig en tevreden. De golven zijn nu luider, en het zand is koud. De zon gaat onder en er waait een koel briesje. De golven beuken tegen de kust, en de geur van zout hangt in de lucht. Het is een perfecte avond om op het strand te zijn. Ik loop langs het strand, **luister** naar het geluid van de golven en kijk naar de zonsondergang. Ik zie een groep mensen op het zand zitten, lachend en grapjes makend. Ze zien eruit alsof ze het naar hun zin hebben. Ik loop naar ze toe en vraag of ik erbij mag komen zitten. Ze zeggen ja, en we brengen de rest van de avond door met praten, lachen en kijken naar de **zonsondergang**. Het is een perfecte avond. De groep en ik praten tot de zon ondergaat. We delen verhalen en grappen, en we hebben allemaal een geweldige tijd. Als de avond begint te vallen, beginnen we allemaal moe te worden. We kussen elkaar **vaarwel** en gaan uit elkaar. Ik loop terug naar mijn hotel en voel me gelukkig en tevreden. Ik kan niet geloven hoe mooi het hier is. Ik ben zo gelukkig dat ik het heb mogen **meemaken**.

Preguntas de comprensión

1. ¿Dónde va la narradora después de despertarse?

2. ¿Qué admira la narradora mientras camina por la playa?

3. ¿De qué tiene que cuidarse la narradora mientras camina por la playa?

4. ¿Dónde se sienta el narrador para disfrutar de la vista?

5. ¿Cuánto tiempo está el narrador sentado allí?

6. ¿A quién ve la narradora cuando vuelve a abrir los ojos?

7. ¿Qué dice la madre del narrador?

8. ¿De qué hablan la narradora y las personas que conoce?

Begrip vragen

1. Waar gaat de vertelster heen nadat ze wakker is geworden?

2. Wat bewondert de vertelster als ze langs het strand loopt?

3. Waar moet de vertelster op letten als ze langs het strand loopt?

4. Waar gaat de verteller zitten om van het uitzicht te genieten?

5. Hoe lang blijft de verteller daar zitten?

6. Wie ziet de verteller als ze haar ogen weer opent?

7. Wat zegt de moeder van de verteller?

8. Waar praten de verteller en de mensen die ze ontmoet over?

Acampada en el lago

Camino hacia el lago, **admirando la** tranquilidad de la escena. El sol golpea el pequeño lago, haciendo que el agua parezca una lámina de cristal. El único movimiento es el de los peces que **rompen** la superficie. Incluso los pájaros parecen descansar del calor, y sólo el sonido de las cigarras llena el aire. **De repente, la** paz se rompe con un fuerte chapoteo. Un gran **pez** ha saltado fuera del agua, intentando atrapar una libélula. El pez no alcanza su objetivo y cae de nuevo al agua con un chapoteo. "¡Vaya!", pienso para mis adentros, "¡ese era un pez grande!". Miro a mi alrededor para ver si alguien más lo ha visto, pero no hay nadie. Supongo que tendré que contarlo cuando vuelva al campamento.

El calor es **agobiante** y dificulta la respiración. El aire es espeso y pesado, como una manta que te envuelve. El único alivio es el agua. Es fresca y refrescante, como una bebida fría en un día caluroso. Respiro profundamente y me sumerjo en el agua. El alivio es inmediato cuando el agua fresca me rodea. Nado hasta el fondo y luego vuelvo a la superficie, sintiendo que el agua refresca mi cuerpo. Sigo **nadando**, disfrutando del respiro del calor. Despúes de un rato, salgo del

Kamperen aan het meer

Ik loop naar het meer en **bewonder** de vredigheid van het tafereel. De zon schijnt op het meertje, waardoor het water een glazen plaat lijkt. De enige beweging is af en toe een rimpeling van een vis **die** het wateroppervlak breekt. Zelfs de vogels lijken een pauze te nemen van de hitte, met alleen het geluid van cicaden die de lucht vullen. **Plotseling** wordt de rust verbroken door een luide plons. Een grote **vis** is uit het water gesprongen, in een poging een libel te vangen. De vis mist zijn doel en valt met een plons terug in het water. "Wow," denk ik bij mezelf, "dat was een grote vis!." Ik keek om me heen om te zien of iemand anders hem had gezien, maar er was niemand in de buurt. Ik denk dat ik het ze zal moeten vertellen als ik terug ben in het kamp.

De hitte is **drukkend**, waardoor het moeilijk is om te ademen. De lucht is dik en zwaar, als een deken om je heen gewikkeld. De enige verlichting is in het water. Het is koel en verfrissend, als een koud drankje op een warme dag. Ik haal diep adem en duik in het water. De opluchting is onmiddellijk als het koele water me omringt. Ik zwem naar de bodem en dan weer naar de oppervlakte, terwijl ik voel hoe het water mijn lichaam afkoelt. Ik blijf baantjes trekken en geniet van de

agua y me tumbo en la hierba, dejando que el sol me seque el cuerpo. Cierro los ojos y me duermo, el sonido de las **cigarras** me arrulla en un profundo sueño. Dejo que el sol me quite el agua de la piel. Siento que mi piel se pone roja, pero no me importa. Lo siguiente que sé es que el sol se está poniendo. El cielo es de un hermoso color naranja, con vetas de color rosa y púrpura. El calor ha desaparecido y ha sido sustituido por una **brisa** fresca.

Me levanto y me vuelvo a poner la ropa, sintiéndome renovada y rejuvenecida. **Respiro** profundamente el aire fresco y sonrío. Se siente bien estar vivo. Vuelvo al campamento, admirando la forma en que los colores bailan en el cielo. Veo la hoguera que arde a lo lejos y huelo el humo en el aire. Sonrío y **acelero el** paso. Estoy lista para relajarme y disfrutar del resto de la noche. Entro en el campamento y veo que todos están reunidos alrededor del fuego. **Ríen** y bromean, y puedo ver el fuego reflejado en sus ojos. Sonrío y me siento junto a mis amigos. Es bueno estar de vuelta. A la mañana siguiente, me despierto temprano y empiezo a recoger mis cosas. Estoy ansioso por volver a la ruta y continuar mi viaje. Me despido de mis amigos y empiezo a caminar. Mientras camino, echo un último vistazo al **campamento**. Veo que el fuego sigue ardiendo a lo lejos y puedo oler el humo en el aire.

afkoeling van de hitte. Na een tijdje kom ik uit het water en ga op het gras liggen, zodat de zon mijn lichaam kan drogen. Ik sluit mijn ogen en val in slaap, het geluid van de **cicaden** brengt me in een diepe slaap. Ik laat de zon het water uit mijn huid bakken. Ik voel dat mijn huid rood wordt, maar dat kan me niet schelen. Ik heb het te warm om me zorgen te maken. Het volgende dat ik weet, is dat de zon ondergaat. De lucht is prachtig oranje, met roze en paarse strepen. De hitte is weg, vervangen door een koel **briesje**.

Ik sta op en trek mijn kleren weer aan. Ik voel me verfrist en verjongd. Ik haal diep **adem** uit de koele lucht en glimlach. Het voelt goed om te leven. Ik loop terug naar de camping en bewonder de manier waarop de kleuren in de lucht dansen. In de verte zie ik het kampvuur branden, en ik ruik de rook in de lucht. Ik glimlach en **versnel** mijn pas. Ik ben klaar om te ontspannen en te genieten van de rest van mijn avond. Ik loop de camping op en zie dat iedereen rond het vuur zit. Ze **lachen** en maken grapjes, en ik kan het vuur in hun ogen zien weerkaatsen. Ik glimlach en ga naast mijn vrienden zitten. Het is goed om terug te zijn. De volgende ochtend sta ik vroeg op en begin mijn spullen in te pakken. Ik sta te popelen om weer op pad te gaan en mijn reis voort te zetten. Ik neem afscheid van mijn vrienden en begin weg te lopen. Terwijl ik loop, werp ik nog een laatste blik op de **camping**. In de verte zie ik het vuur nog branden en ik ruik de rook in de lucht.

Preguntas de comprensión

1. ¿Dónde va el caminante?

2. ¿Qué tiempo hace?

3. ¿Qué aspecto tiene el agua?

4. ¿Cómo reacciona el caminante al calor?

5. ¿Qué hace el pez?

6. ¿Por qué el caminante está solo?

7. ¿Cómo se siente el agua?

8. ¿Cómo se siente el caminante después de nadar?

9. ¿A qué hora del día se despierta el caminante?

10. ¿Adónde va el caminante cuando sale del campamento?

Begrip vragen

1. Waar gaat de wandelaar heen?

2. Wat voor weer is het?

3. Hoe ziet het water eruit?

4. Hoe reageert de wandelaar op de hitte?

5. Wat doet de vis?

6. Waarom is de wandelaar alleen?

7. Hoe voelt het water aan?

8. Hoe voelt de wandelaar zich na het zwemmen?

9. Hoe laat is het als de wandelaar wakker wordt?

10. Waar gaat de wandelaar heen als hij het kamp verlaat?

La Casa

Me mudé a mi nueva casa la semana pasada y estoy muy **emocionada**. Es mucho más grande que la anterior y tiene un gran patio trasero. Me muero de ganas de tener amigos en casa para hacer barbacoas y fiestas. Mi parte favorita es mi nuevo dormitorio. Es muy grande y luminosa, y tengo mucho espacio para poner todas mis cosas. Estoy muy contenta con mi nueva casa y creo que seré muy feliz aquí. Decidí explorar la casa un poco más. Subí al segundo piso y empecé a dirigirme a la cocina cuando vi una gran araña negra en la pared. Grité y corrí escaleras abajo. Estaba muy **asustada**. Pero después de unos minutos, me calmé y decidí volver a subir. Me dirigí lentamente a la cocina y vi que la araña había desaparecido. Me sentí muy aliviada. Volví a bajar las escaleras y decidí salir a explorar el **patio trasero**. Era tan grande. No me lo podía creer. Vi un columpio en la esquina y un tobogán. También vi una red de baloncesto y una **cama elástica**. Estaba muy emocionada.

No puedo esperar a usar todas estas cosas nuevas. Los **vecinos** vinieron y se presentaron. Parecían muy simpáticos y estuvimos hablando un rato. Me invitaron a su barbacoa el próximo fin de semana y les dije que me encantaría ir. He pasado una primera semana

Het Huis

Ik ben vorige week in mijn nieuwe huis getrokken, en ik ben zo **opgewonden**! Het is zoveel groter dan mijn oude, en het heeft een grote achtertuin. Ik kan niet wachten om vrienden uit te nodigen voor BBQ's en feestjes. Mijn **favoriete** deel is mijn nieuwe slaapkamer. Hij is zo groot en licht, en ik heb veel ruimte om al mijn spullen op te bergen. Ik ben echt blij met mijn nieuwe huis en ik denk dat ik hier heel gelukkig zal zijn. Ik besloot om het huis nog wat verder te verkennen. Ik ging naar boven naar de tweede verdieping en ging op weg naar de keuken toen ik een grote zwarte spin op de muur zag! Ik gilde en rende naar beneden. Ik was zo **bang**! Maar na een paar minuten was ik gekalmeerd en besloot ik terug naar boven te gaan. Ik ging langzaam naar de keuken en zag dat de spin weg was. Ik was zo opgelucht! Ik ging terug naar beneden en besloot naar buiten te gaan om de **achtertuin te verkennen**. Hij was zo groot! Ik kon het niet geloven. Ik zag een schommel in de hoek en een glijbaan. Ik zag ook een basketbalnet en een **trampoline**. Ik was zo opgewonden!

Ik kan niet wachten om al deze nieuwe spullen te gebruiken. De **buren** kwamen langs en stelden zich voor. Ze leken erg aardig, en we hebben een tijdje gepraat. Ze nodigden me uit voor hun BBQ volgend

estupenda en mi nueva casa, y estoy entusiasmada con todas las nuevas aventuras que me esperan. Hoy voy a ir a explorar de nuevo el patio trasero y ver qué más puedo encontrar. Quién sabe, quizá encuentre algún **tesoro**. Estoy deseando ver lo que me depara la próxima semana. A la semana siguiente, volví a explorar el patio trasero y encontré un jardín secreto. Era muy bonito. Había flores por todas partes y un pequeño estanque con peces. También vi un columpio que no había visto antes. Me emocioné mucho al encontrar este jardín secreto, y no puedo esperar a explorarlo más. Era muy **bonito**.

Había flores por todas partes y un pequeño estanque con peces. También vi un **columpio** que no había visto antes. Me emocionó mucho encontrar este jardín secreto y estoy deseando explorarlo más. También me encantó mi nueva habitación. Era tan grande y luminosa, y ya había pósters de mis grupos favoritos en las paredes. Ni siquiera tuve que traer mis propios **muebles** porque ya había una cama, una cómoda y un escritorio. ¡Este va a ser el mejor año de todos! Estaba un poco nerviosa por empezar en una nueva **escuela**, pero todos mis nuevos vecinos han sido muy amables. Incluso he conocido a una chica que vive en la puerta de al lado y dice que me acompañará al colegio el primer día.

weekend, en ik zei dat ik graag zou komen. Ik had een geweldige eerste week in mijn nieuwe huis, en ik ben opgewonden over alle nieuwe avonturen die in het verschiet liggen. Vandaag ga ik weer op verkenning in de achtertuin en kijken wat ik nog meer kan vinden. Wie weet, misschien vind ik wel een **schat**. Ik kan niet wachten om te zien wat de volgende week brengt!

De volgende week ging ik weer op verkenning in de achtertuin, en ik vond een **geheime** tuin. Het was zo mooi! Er waren overal bloemen en een kleine vijver met vissen erin. Ik zag ook een schommel die ik nog niet eerder had gezien. Ik was zo opgewonden toen ik deze geheime tuin vond, en ik kan niet wachten om hem verder te verkennen. Het was zo **mooi**!

Er waren overal bloemen en een kleine vijver met vissen erin. Ik zag ook een **schommel** die ik nog niet eerder had gezien. Ik was zo opgewonden toen ik deze geheime tuin vond, en ik kan niet wachten om hem verder te verkennen. Ik vond mijn nieuwe kamer ook geweldig. Hij was zo groot en licht, en er hingen al posters van mijn favoriete bands aan de muur. Ik hoefde niet eens mijn eigen **meubels** mee te nemen, want er stonden al een bed, een dressoir en een bureau. Dit wordt het beste jaar ooit! Ik was een beetje nerveus om op een nieuwe **school** te beginnen, maar al mijn nieuwe buren zijn zo vriendelijk. Ik heb zelfs een meisje ontmoet dat naast me woont, en ze zegt dat ze op mijn eerste dag met me naar school zal lopen.

Preguntas de comprensión

1. ¿Dónde vive la persona?

2. ¿Qué le parece la persona en la nueva casa?

3. ¿Cuál es la parte favorita de la persona en la nueva casa?

4. ¿Qué encontró la persona en el jardín?

5. ¿Quiénes son los vecinos?

6. ¿Cómo fueron los primeros días de la persona en la nueva casa?

7. ¿Cuál es la parte favorita de la persona en la nueva habitación?

8. ¿Qué piensa hacer la persona mañana?

9. ¿Qué fue lo mejor de la primera semana de la persona en la nueva casa?

10. ¿Qué hay en la nueva habitación de la persona?

Begrip vragen

1. Waar woont de persoon?

2. Hoe vindt de persoon het in het nieuwe huis?

3. Wat is het favoriete deel van het nieuwe huis van de persoon?

4. Wat heeft de persoon in de tuin gevonden?

5. Wie zijn de buren?

6. Hoe voelde de persoon zich de eerste dagen in het nieuwe huis?

7. Wat is het favoriete deel van de nieuwe kamer van de persoon?

8. Wat is de persoon van plan morgen te doen?

9. Wat was het beste deel van de eerste week van de persoon in het nieuwe huis?

10. Wat is er allemaal in de nieuwe kamer van de persoon?

En el tren

Corrí a la estación de tren, pero llegué demasiado tarde. El tren ya había partido sin mí. Me sentí muy **enfadada** y **decepcionada** conmigo misma. Había planeado coger el tren para visitar a mis abuelos, que viven en el campo, pero ahora tendría que esperar una hora entera al siguiente tren. Decidí pasear un rato por la ciudad y tratar de olvidar la oportunidad perdida. Mientras caminaba, empecé a **soñar** con todos los lugares a los que te puede llevar **el tren**. De repente, ya no estaba tan molesto. Vuelvo a la estación y no puedo evitar fijarme en la gran locomotora roja, blanca y azul que se dirige hacia mí. No es hasta que veo al **revisor saludándome** desde la ventanilla cuando me doy cuenta de que ese tren es para mí. Subo al tren y encuentro mi asiento, acomodándome para lo que promete ser un largo viaje.

Mientras salimos de la estación, no puedo evitar preguntarme a dónde me llevará este tren. A través de **campos** verdes y ríos azules, pasando por montañas y valles, no se sabe adónde irá este viejo tren. Cuando empieza a caer la noche, me quedo dormido, arrullado por el movimiento **rítmico** de los vagones en las vías. Cuando vuelve a amanecer, abro los ojos y veo que hemos llegado a un pequeño pueblo en medio

In de trein

Ik rende naar het treinstation, maar ik was te laat.
De trein was al vertrokken zonder mij. Ik voelde me
zo **boos** en **teleurgesteld** in mezelf. Ik was van plan
om met de trein naar mijn grootouders te gaan die
op het platteland wonen, maar nu moest ik een heel
uur wachten op de volgende trein. Ik besloot in plaats
daarvan een eindje door de stad te lopen en probeerde
mijn gemiste kans te vergeten. Terwijl ik liep, begon
ik **te dagdromen** over alle plaatsen waar **treinen** je
kunnen brengen. Plotseling was ik niet meer zo van
streek. Ik liep terug naar het station en zag de grote
rood-wit-blauwe locomotief die op me af kwam rijden.
Pas als ik de **conducteur** vanuit het raam naar me zie
zwaaien, realiseer ik me dat deze trein voor mij is. Ik
stap in de trein en zoek een zitplaats. Ik ga zitten voor
wat een lange reis belooft te worden.

Terwijl we het station uitrijden, vraag ik me af waar deze
trein me heen zal brengen. Door groene **velden** en over
blauwe rivieren, langs bergen en valleien, het is niet
te zeggen waar deze oude trein heen zal gaan. Als de
nacht begint te vallen, drijf ik weg in een **vredige** slaap,
gewiegd door de **ritmische** beweging van de wagons
op de sporen beneden. Als het weer ochtend wordt,
open ik mijn ogen en zie dat we in een klein stadje

de la nada. El sol acaba de asomar por el horizonte mientras los lugareños empiezan a arremolinarse en la calle principal; parece un día cualquiera, excepto por una cosa: hay un gran cartel colocado cerca del Ayuntamiento que dice "¡Bienvenidos a bordo!". Parece que esta pequeña ciudad nos ha estado esperando, a pesar de que sólo somos un tren de **pasajeros** ordinario que pasa por aquí de camino a otro lugar. Mientras dejamos atrás la ciudad una vez más, avanzando hacia quién sabe dónde, sonrío al ver todas las caras amistosas que se despiden desde esas pequeñas casas enclavadas entre **los campos de cultivo;** es realmente increíble cómo algo tan aparentemente ordinario puede traer tanta alegría simplemente por pasar. Y luego, por supuesto, están los **niños**.

Me asomo a la ventana de mi locomotora. Siempre me hacen sentir muy feliz con sus ojos brillantes y sus grandes sonrisas. Les devuelvo el saludo con energía antes de volver a mi **cabina** y tomar asiento. Ya ha sido un día muy largo, pero aún no ha terminado; todavía faltan algunas horas para llegar a nuestro **destino final**. Saco mi libro y empiezo a leer, dejando que el rítmico balanceo del tren me adormezca. De vez en cuando levanto la vista para ver el paisaje que pasa por el exterior; nunca pasa de moda, no importa cuántas veces lo vea.

ergens in niemandsland zijn aangekomen. De zon komt
net boven de horizon als de plaatselijke bevolking zich
in de hoofdstraat begint te mengen; het ziet er hier
uit als elke andere dag, behalve één ding - er hangt
een groot bord bij het stadhuis met de tekst "Welkom
aan boord!" Het lijkt erop dat dit stadje ons verwacht,
ook al zijn we maar een gewone passagierstrein op
doorreis naar elders. Terwijl we de stad weer achter
ons laten, op weg naar wie weet waar, glimlach ik om
al die vriendelijke gezichten die ons uitzwaaien vanuit
die kleine huisjes tussen **het boerenland -** het is echt
verbazingwekkend hoe iets dat zo gewoon lijkt, zoveel
vreugde kan brengen door er gewoon langs te rijden.
En dan, natuurlijk, zijn er de **kinderen**.

Ik leun uit het raam van mijn locomotief. Ze maken me
altijd zo blij met hun stralende ogen en grote grijnzen.
Ik zwaai energiek naar ze terug voordat ik terugga naar
mijn **cabine** en ga zitten. Het was al een lange dag,
maar hij is nog niet voorbij; het duurt nog een paar
uur voordat we onze **eindbestemming** bereiken. Ik
pak mijn boek en begin te lezen, terwijl het ritmische
schommelen van de trein me in een vredige toestand
brengt. Af en toe kijk ik op naar het landschap dat
buiten aan me voorbijtrekt - het verveelt nooit, hoe vaak
ik het ook zie.

Preguntas de comprensión

1. ¿Adónde va el tren?

2. ¿Quién viaja en el tren?

3. ¿Cuándo sale el tren?

4. ¿Cómo sube el protagonista al tren?

5. ¿De dónde viene el tren?

6. ¿Adónde va el tren ahora?

7. ¿Cuándo llegaron los pasajeros?

8. ¿Cómo se siente el protagonista cuando pierde el tren?

9. ¿Cómo reacciona el conductor del tren cuando ve al protagonista?

10. ¿Por qué le gustan los trenes al protagonista?

Begrip vragen

1. Waar gaat de trein heen?

2. Wie reist er met de trein?

3. Wanneer vertrekt de trein?

4. Hoe komt de hoofdpersoon op de trein?

5. Waar komt de trein vandaan?

6. Waar gaat de trein nu heen?

7. Wanneer zijn de passagiers aangekomen?

8. Hoe voelt de hoofdpersoon zich als hij de trein mist?

9. Hoe reageert de treinmachinist als hij de
hoofdpersoon ziet?

10. Waarom houdt de hoofdpersoon van treinen?

Cocinar la cena

Son las 5 de la tarde y estoy volviendo a casa desde el trabajo. Estoy **deseando pasar** una noche tranquila en casa con mi pareja. Prepararemos la cena juntos y luego nos relajaremos el resto de la noche. Me siento bien al saber que no tengo ningún plan ni obligación esta **noche**. Llego a casa y mi pareja ya está en la cocina, empezando a preparar nuestra cena. Huele **de maravilla**. Charlamos mientras cocinamos, poniéndonos al día y compartiendo pequeñas historias de nuestras vidas laborales. La cocina es mi habitación favorita de nuestro apartamento. Me encanta cocinar, y sobre todo cocinar con mi pareja. Siempre nos lo pasamos muy bien aquí, riendo y bromeando mientras cocinamos. Además, la comida siempre es **increíble** cuando trabajamos **juntos**.

Esta noche vamos a preparar una de mis recetas favoritas: **pollo** a la parmesana. Mi compañero empieza a empanar el pollo mientras yo pongo la salsa a hervir a **fuego** lento. Trabajamos juntos como una máquina bien engrasada y, en poco tiempo, la cena está lista para servir. Nos sentamos en nuestra pequeña mesa de cocina con **platos llenos** de pollo a la parmesana, pasta y ensalada. Brindamos por los vasos y damos el primer bocado, ¡y es **celestial**! El pollo está crujiente

Diner koken

Het is nu 5 uur 's middags en ik loop van mijn werk naar huis. Ik kijk **uit** naar een rustige avond thuis met mijn partner. We zullen samen eten koken en dan de rest van de avond ontspannen. Het voelt goed om te weten dat ik deze **avond** geen plannen of verplichtingen heb. Ik kom thuis en mijn partner is al in de keuken om ons eten klaar te maken. Het ruikt hier geweldig! We kletsen terwijl we koken, praten bij over elkaars dagen en delen kleine verhalen uit ons werkleven. De keuken is mijn favoriete kamer in ons appartement. Ik hou van koken, en vooral van koken met mijn partner. We hebben het hier altijd zo gezellig, we lachen en maken grapjes terwijl we koken. En het eten is altijd **heerlijk** als we **samenwerken**.

Vanavond maken we een van m'n lievelingsrecepten: Parmezaanse kip. Mijn partner begint met het paneren van de kip, terwijl ik de saus op het **fornuis** laat pruttelen. We werken samen als een goed geoliede machine en al snel is het eten klaar om op te dienen. We gaan aan onze kleine keukentafel zitten met **borden** vol met Parmezaanse kip, pasta en salade. We klinken op de glazen en nemen onze eerste hap, en het is **hemels**! De kip is knapperig van buiten maar sappig van binnen; de saus is smaakvol en perfect;

por fuera pero jugoso por dentro; la salsa es sabrosa y perfecta; la pasta está cocida al dente... todo sabe absolutamente perfecto esta noche. Los dos sabemos que esta fue una de esas noches en las que todo salió a la perfección mientras **saboreamos** hasta el último bocado de nuestra deliciosa comida. Sabía incluso mejor de lo que olía, ¡que era muy bueno! Terminamos la comida relativamente rápido, ya que ninguno de los dos tiene especial hambre hoy, pero nos tomamos nuestro tiempo para disfrutar de unas cuantas **copas** de vino más mientras charlamos ligeramente sobre este y aquel tema. Después de la cena, limpiamos juntos rápidamente y nos trasladamos al salón, donde pasamos un rato **acurrucados** en el sofá mientras vemos la televisión.

Es tan agradable estar cerca el uno del otro después de un largo día **de trabajo** separados. Me siento satisfecha. Aunque no hemos tenido una noche agitada, ha sido agradable pasar un rato juntos sin tener que salir de casa. Vimos una película y nos fuimos a la cama temprano, **satisfechos** de nuestra sencilla noche. Esto se ha convertido en una de nuestras actividades **favoritas** en las noches en las que no queremos salir: relajarnos en casa y disfrutar de la compañía del otro con una comida casera. Siempre es agradable saber que podemos volver aquí después de un largo día y ser nosotros mismos.

de pasta is al dente gekookt... alles smaakt absoluut perfect vanavond. We weten allebei dat dit een van die avonden was waarop alles perfect samenkwam en we **genieten van** elke laatste hap van onze heerlijke maaltijd. Het smaakte nog beter dan het rook, en dat was verdomd goed! We eten relatief snel, omdat geen van ons beiden vandaag honger heeft, maar we nemen de tijd om nog een paar **glazen** wijn te drinken terwijl we luchtig kletsen over van alles en nog wat. Na het eten ruimen we snel samen op en gaan dan naar de woonkamer, waar we een poosje **knuffelen** op de bank terwijl we TV kijken.

Het voelt zo fijn om dicht bij elkaar te zijn na een lange dag apart **werken**. Ik voel me voldaan. Ook al hadden we geen avond vol belevenissen, het was fijn om gewoon wat tijd met elkaar door te brengen zonder het huis uit te hoeven. We keken een film en gingen vroeg naar bed, met een **voldaan** gevoel over onze eenvoudige avond. Dit is een van onze **favoriete** dingen geworden om te doen op avonden dat we niet uit willen gaan - gewoon thuis ontspannen en genieten van elkaars gezelschap tijdens een zelfgekookte maaltijd. Het is altijd fijn om te weten dat we hier na een lange dag kunnen terugkomen en gewoon onszelf kunnen zijn.

Preguntas de comprensión

1. ¿De dónde viene el narrador?

2. ¿Qué hace el narrador después del trabajo?

3. ¿Qué cena el narrador?

4. ¿Por qué le gusta la cocina al narrador?

5. ¿Qué tipo de plato cocina la pareja?

6. ¿Cómo se siente el narrador al final de la noche?

7. ¿Qué es lo que más le gusta hacer a la pareja?

8. ¿Qué hace la pareja cuando se cansa?

9. ¿Dónde duermen?

10. ¿Por qué al narrador le gusta quedarse en casa?

Begrip vragen

1. Waar komt de verteller vandaan?

2. Wat doet de verteller na het werk?

3. Wat eet de verteller als avondeten?

4. Waarom houdt de verteller van de keuken?

5. Wat voor gerecht kookt het stel?

6. Hoe voelt de verteller zich aan het eind van de avond?

7. Wat is het favoriete ding van het koppel om te doen?

8. Wat doet het stel als ze moe worden?

9. Waar slapen ze?

10. Waarom blijft de verteller graag thuis?

Caminando a casa

Era una noche **tranquila mientras volvía** a casa desde el trabajo. Mientras caminaba, no pude evitar sonreír ante los recuerdos. Me sentí bien al volver a mi antiguo barrio. Saludé a algunos conocidos y ellos me devolvieron el saludo. Era bueno estar en casa. Pasé por delante de mi antiguo colegio y **recordé** todos los buenos momentos que pasé con mis amigos. Siempre íbamos juntos a casa y hablábamos de nuestro día. **A veces** nos parábamos a tomar un helado o íbamos al parque. Eran los mejores momentos. Echo de menos esos momentos. Pero ahora tengo mi propia familia y soy feliz con mi vida. Me alegro de poder recordar esos momentos y sonreír. Son una parte de mi vida que siempre apreciaré. Fueron los mejores tiempos. Echo de menos esos tiempos. Pero ahora tengo mi propia familia y soy feliz con mi vida. Me alegro de poder recordar esos **momentos** y sonreír. Son una parte de mi vida que siempre apreciaré.

Sigo caminando, pensando en los buenos momentos que pasé con mis amigos. Sé que los volveré a ver pronto. Me dirijo hacia mi casa y decido pasear por un parque cercano. El sol se está poniendo y el cielo se está volviendo de un **hermoso color** naranja. El

Walking Home

Het was een **rustige** avond toen ik van mijn werk naar huis liep. Terwijl ik liep, kon ik niet anders dan glimlachen bij de herinneringen. Het voelde goed om terug in mijn oude buurt te zijn. Ik zwaaide naar een paar mensen die ik kende, en zij zwaaiden terug. Het was goed om thuis te zijn. Ik liep langs mijn oude school en **herinnerde me** alle leuke tijden die ik had met mijn vrienden. We liepen altijd samen naar huis en praatten over onze dag. **Soms** stopten we om een ijsje te halen of gingen we naar het park. Dat waren de beste tijden. Ik mis die tijden. Maar nu heb ik mijn eigen familie en ik ben blij met mijn leven. Ik ben blij dat ik op die herinneringen kan terugkijken en glimlachen. Ze zijn een deel van mijn leven dat ik altijd zal koesteren. Dat waren de beste tijden. Ik mis die tijden. Maar nu heb ik mijn eigen familie en ben ik gelukkig met mijn leven. Ik ben blij dat ik kan terugkijken op die **herinneringen** en kan glimlachen. Ze zijn een deel van mijn leven dat ik altijd zal koesteren.

Ik blijf lopen, denkend aan de goede tijden die ik had met mijn vrienden. Ik weet dat ik ze snel weer zal zien. Ik ga richting mijn huis en besluit door een park in de buurt te lopen. De zon gaat onder en de lucht

parque está vacío, a excepción de algunos pájaros que cantan en los árboles. **Respiro** profundamente y sonrío. Mientras camino por el parque, veo una estrella fugaz que atraviesa el cielo. Pido un deseo a esa estrella y sigo caminando. Pienso en mi día de trabajo y en lo **tranquilo que** ha sido. Sonrío para mis adentros, pensando en la suerte que tengo de tener un trabajo tan bueno. Vuelvo a casa, **sintiendo** el aire fresco de la noche en mi piel. Me siento tan viva y feliz, disfrutando del simple hecho de volver a casa en una noche tranquila.Me sentí tan bien que empecé a **silbar**. Pasé por delante de algunas personas en la calle, pero todas estaban ocupadas en sus propios asuntos.

Doblé la esquina de mi calle y vi al gato de mi vecino, el Sr. Bigotes, sentado en mi porche. Le saludé y me devolvió el maullido. **Abrí** la puerta y entré. Estaba muy contenta de estar en casa. Me quité los zapatos y me preparé para ir a la cama. Esa noche me acosté feliz y agradecida, con el corazón lleno de amor. Dormí profundamente toda la noche, sin preocuparme por nada. Me desperté de un sueño reparador y **me recibió** el sol que entraba por la ventana. Me levanté de la cama y me estiré, respirando profundamente y sintiendo cómo el aire fresco llenaba mis pulmones. Me acerqué a la ventana y miré hacia fuera, escuchando el piar de los pájaros y el juego de **las ardillas**.

kleurt **prachtig** oranje. Het park is leeg, behalve een paar vogels die in de bomen tjilpen. Ik haal diep **adem** en glimlach. Terwijl ik door het park loop, zie ik een vallende ster door de lucht scheren. Ik doe een wens op die ster, en loop verder. Ik denk aan mijn dag op het werk en hoe **vredig** het was. Ik glimlach in mezelf, denkend aan hoe gelukkig ik ben dat ik zo'n geweldige baan heb. Ik loop naar huis en **voel** de koele nachtlucht op mijn huid. Ik voel me zo levendig en gelukkig, gewoon genietend van de eenvoudige handeling van het naar huis lopen op een vredige avond. Ik voelde me zo goed, dat ik begon te **fluiten**. Ik liep langs een paar mensen op straat, maar ze bemoeiden zich allemaal met hun eigen zaken.

Ik draaide de hoek van mijn straat om en zag de kat van mijn buren, Mr. Whiskers, op mijn veranda zitten. Ik zei hem gedag en hij miauwde terug. Ik **deed** mijn deur **van het slot** en ging naar binnen. Ik was zo blij om thuis te zijn. Ik trok mijn schoenen uit en maakte me klaar om naar bed te gaan. Ik ging die avond naar bed met een blij en dankbaar gevoel, mijn hart vol liefde. Ik sliep de hele nacht rustig door, zonder me ergens zorgen over te maken. Ik werd wakker uit een rustgevende slaap en werd **begroet** door de zon die door mijn raam naar binnen scheen. Ik stapte uit bed en rekte me uit, haalde diep adem en voelde hoe de koele lucht mijn longen vulde. Ik liep naar mijn raam en keek naar buiten, hoorde de vogels kwetteren en de **eekhoorns** spelen.

Preguntas de comprensión

1. ¿Qué hacía el protagonista cuando empezó la historia?

2. ¿En qué pensaba el protagonista cuando volvía a casa?

3. ¿Qué solía hacer el protagonista con sus amigos después del colegio?

4. ¿Qué echa de menos el protagonista de aquellos tiempos?

5. ¿Qué piensa el protagonista de su vida actual?

6. ¿Qué hace el protagonista cuando ve una estrella fugaz?

7. ¿Cómo se siente el protagonista cuando vuelve a casa?

8. ¿Qué hace el protagonista al llegar a casa?

9. ¿Cómo se siente el protagonista cuando se despierta a la mañana siguiente?

10. ¿Qué hace el protagonista al día siguiente?

Begrip vragen

1. Wat was de hoofdpersoon aan het doen toen het verhaal begon?

2. Waar dacht de hoofdpersoon aan toen hij naar huis liep?

3. Wat deed de hoofdpersoon vroeger met vrienden na school?

4. Wat mist de hoofdpersoon van die tijd?

5. Wat vindt de hoofdpersoon van zijn huidige leven?

6. Wat doet de hoofdpersoon als hij een vallende ster ziet?

7. Hoe voelt de hoofdpersoon zich als ze naar huis lopen?

8. Wat doet de hoofdpersoon als ze thuiskomen?

9. Hoe voelt de hoofdpersoon zich als hij de volgende ochtend wakker wordt?

10. Wat doet de hoofdpersoon de volgende dag?

El castillo

La familia siempre había querido visitar un antiguo castillo en **Alemania,** y finalmente hicieron el viaje. No **les decepcionó**. El castillo era precioso y disfrutaron explorando sus numerosas habitaciones y pasillos. Lo primero que les llamó la atención fue el olor. Encontraron **moho**, humedad y algo más que no pudieron determinar. Lo segundo fue el sonido. Las paredes de piedra son gruesas, pero no amortiguan el sonido por completo. Oyeron cada paso, cada palabra pronunciada con voz normal y el ocasional goteo de agua en **algún lugar** de la distancia. Cuando sus ojos se adaptaron a la escasa luz, vieron que a su alrededor se alzaban enormes muros de piedra, de los que colgaban tapices **hechos jirones**. Se encontraban en un enorme salón con un alto techo sostenido por pilares tallados. También les encantaron las vistas desde las torretas, y los niños se lo pasaron en grande corriendo por el recinto. El **sol** había empezado a ponerse cuando terminaron de explorar el castillo, y lamentaron no haber traído una **linterna**. Decidieron volver a la entrada, pero pronto se perdieron. Estuvieron dando vueltas durante horas, hasta que finalmente dieron con una puerta que conducía al exterior. Continuaron hasta **llegar** al final del pasillo y se encontraron con un imponente conjunto de puertas dobles. Por mucho

Het kasteel

De familie had altijd al eens een oud kasteel in **Duitsland** willen bezoeken, en eindelijk hebben ze de reis gemaakt. Ze werden niet **teleurgesteld**. Het kasteel was prachtig, en ze genoten van het verkennen van de vele kamers en gangen. Het eerste wat hen trof was de geur. Ze vonden **schimmel**, vochtigheid, en iets anders waar ze hun vinger niet op konden leggen. Het tweede was het geluid. Stenen muren zijn dik, maar ze dempen het geluid niet volledig. Ze hoorden elke voetstap, elk woord dat met een normale stem werd gesproken, en af en toe een druppeltje water **ergens** in de verte. Toen hun ogen zich aanpasten aan het zwakke licht, zagen zij overal om hen heen massieve stenen muren opdoemen, waaraan wandtapijten in flarden hingen. Ze stonden in een enorme hal met een hoog plafond, ondersteund door gebeeldhouwde pilaren. Ze hielden ook van het uitzicht vanaf de torentjes, en de kinderen vermaakten zich met rondrennen over het terrein. De **zon** begon al onder te gaan tegen de tijd dat ze klaar waren met het verkennen van het kasteel, en ze betreurden het dat ze geen **zaklamp** hadden meegenomen. Ze besloten om terug te gaan naar de ingang, maar al snel waren ze verdwaald. Ze dwaalden urenlang rond, tot ze eindelijk een deur tegenkwamen die naar buiten

que lo intenten, las puertas no se mueven. Traquetean **siniestramente** pero no se mueven ni un centímetro. Parece que quienquiera que haya estado aquí antes debe haber pasado por aquí y haberlas cerrado desde dentro. Finalmente, encuentran una salida. El alivio los invade cuando salen al aire fresco de la noche.

El sol empezaba a ponerse y **lamentaron no haber** traído una linterna. Decidieron volver a la entrada, pero pronto se perdieron. Estuvieron dando vueltas durante horas, hasta que finalmente dieron con una puerta que conducía **al exterior**. El alivio los invadió cuando salieron al aire fresco de la noche. A la noche siguiente, se aseguraron de llevar una linterna para explorar el resto del castillo. Atravesaron el **patio** y bajaron hasta el río que corría detrás de los muros del castillo. Mientras caminaban, empezaron a oír ruidos extraños. Parecía que alguien les seguía. Aceleraron el paso, pero los ruidos eran cada vez más fuertes y cercanos. La familia corrió de vuelta al castillo tan rápido como pudo, y se sintió aliviada al ver que la figura de la capa **oscura** no les había seguido.

leidde. Ze liepen door tot ze **aan het** eind van de gang
kwamen bij een imposant stel dubbele deuren. Hoe
ze ook probeerden, de deuren wilden niet bewegen.
Ze rammelden **onheilspellend**, maar bewogen geen
centimeter. Het leek erop dat degene die hier eerder
was, hier doorheen was gegaan en ze van binnenuit
had afgesloten. Uiteindelijk vinden ze een uitweg.
Opluchting overspoelde hen toen ze naar buiten stapten
in de koele nachtlucht.

De zon begon onder te gaan en zij **betreurden het** dat
zij geen zaklamp hadden meegenomen. Ze besloten
terug te gaan naar de ingang, maar al gauw waren ze
verdwaald. Ze dwaalden urenlang rond, tot ze eindelijk
een deur tegenkwamen die **naar buiten** leidde.
Opluchting overviel hen toen ze naar buiten stapten in
de koele nachtlucht. De volgende avond namen ze een
zaklamp mee om de rest van het kasteel te verkennen.
Ze liepen over de **binnenplaats** en naar de rivier die
achter de kasteelmuren stroomde. Terwijl ze rondliepen,
begonnen ze vreemde geluiden te horen. Het klonk
alsof iemand hen volgde. Ze versnelden hun pas, maar
de geluiden werden luider en dichterbij. De familie
rende zo snel als ze konden terug naar het kasteel, en
ze waren opgelucht toen ze zagen dat de figuur in de
donkere mantel hen niet was gevolgd.

Preguntas de comprensión

1. ¿Qué hizo la familia cuando se perdió en el castillo?

2. ¿Cómo se sintió la familia cuando se enteró de que era sólo un hombre de la zona?

3. ¿Qué hizo el hombre para que lo detuvieran?

4. ¿Cuál fue la sentencia para el hombre?

5. ¿Qué ruido escuchó la familia mientras caminaba?

6. ¿Dónde estaba la figura de la capa oscura cuando la familia lo vio?

7. ¿Qué hizo la familia al volver a su habitación?

8. ¿Cuándo volvió la familia a explorar el castillo?

9. ¿Qué es lo que la familia no pudo determinar?

10. ¿Qué hizo la familia antes de volver a explorar el castillo?

Begrip vragen

1. Wat deed de familie toen ze verdwaald waren in het kasteel?

2. Hoe voelde de familie zich toen ze erachter kwamen dat het gewoon een lokale man was?

3. Wat heeft de man gedaan waardoor hij gearresteerd is?

4. Wat was de straf voor de man?

5. Welk geluid hoorde de familie tijdens de wandeling?

6. Waar was de figuur in de donkere mantel toen de familie hem zag?

7. Wat deed de familie toen ze terugkwamen in hun kamer?

8. Wanneer ging de familie het kasteel weer verkennen?

9. Wat was het ding waar de familie hun vinger niet op konden leggen?

10. Wat deed de familie voordat ze weer op verkenning gingen in het kasteel?

Mi jardín

Mi jardín es mi lugar feliz. Salgo todos los días, llueva o haga sol, y me dedico a cuidar mis plantas. Tengo un poco de **todo: verduras**, frutas, flores y hierbas. Incluso tengo unas cuantas gallinas que me ayudan a mantener a raya las plagas. Empiezo mis días en el jardín recogiendo los huevos de las gallinas. Luego compruebo que las verduras reciben suficiente agua y sol. Deshierbo los parterres y elimino los bichos que puedan estar **atacando** las plantas. Una vez que **todo** está resuelto, me siento a disfrutar de la paz y la tranquilidad de la naturaleza.

Siempre me ha gustado pasar tiempo en mi jardín. Hay algo en estar rodeado de la naturaleza y de toda la **belleza que** ofrece. Me parece un lugar muy tranquilo y calmado. A menudo paso tiempo en mi jardín relajándome y disfrutando del paisaje. También me gusta trabajar en mi jardín y cultivar cosas. Tengo un jardín bastante grande y me gusta cultivar **diferentes** cosas en él. Cultivo flores, **verduras** y hierbas. También tengo algunos árboles frutales que producen deliciosas manzanas, peras y ciruelas. Además de cultivar cosas, también me gusta pasar tiempo paseando por mi jardín, **admirando todas las** plantas y animales que lo llaman hogar. He pasado muchas horas a lo largo de los años

Mijn tuin

Mijn tuin is mijn geluksplek. Ik ga er elke dag heen, regen of zonneschijn, en besteed tijd aan het verzorgen van mijn planten. Ik heb een beetje van **alles:** **groenten**, fruit, bloemen, kruiden. Ik heb zelfs een paar kippen die helpen het ongedierte op afstand te houden. Ik begin mijn dagen in de tuin met het rapen van eieren bij de kippen. Dan controleer ik mijn groenten en zorg ervoor dat ze genoeg water en zon krijgen. Ik wied de bedden en verwijder insecten die de planten kunnen **aanvallen**. Als **alles** is gedaan, leun ik achterover en geniet van de rust en stilte van de natuur.

Ik heb altijd graag tijd doorgebracht in mijn tuin. Er is iets met het omringd zijn door de natuur en al het **moois** dat zij te bieden heeft. Ik vind het een heel vredige en kalmerende plek. Ik breng vaak tijd door in mijn tuin, gewoon om te ontspannen en te genieten van het landschap. Ik geniet er ook van om in mijn tuin te werken en dingen te kweken. Ik heb een behoorlijk grote tuin, en ik kweek er graag **verschillende** dingen in. Ik kweek bloemen, **groenten** en kruiden. Ik heb ook een paar fruitbomen die heerlijke appels, peren en pruimen voortbrengen. Naast het kweken van dingen, vind ik het ook leuk om gewoon in mijn tuin rond te lopen en de verschillende planten en dieren te

trabajando para hacer de mi **jardín** un lugar no sólo hermoso sino también funcional. Me encanta ver a los pájaros revolotear y escucharlos cantar. A veces incluso saco un libro y leo en el jardín mientras estoy rodeada de toda la belleza que he creado. **La jardinería** es mi pasión y me da mucha alegría. Cada día en mi jardín es un buen día.

Una de las cosas que me gusta hacer es cocinar, así que tener un jardín de hierbas bien surtido es muy **importante para** mí. El tomillo, la albahaca, el orégano, el romero, la salvia y la lavanda son algunas de las hierbas que me gusta cultivar en mi jardín para poder utilizarlas cuando cocino para mí o para **mis invitados**. Otra cosa importante para mí cuando se trata de mi jardín es asegurarse de que haya mucho color en él. Para conseguirlo, cultivo una gran variedad de flores, como **rosas**, lirios, margaritas, tulipanes, impatiens, caléndulas, etc. Además de añadir color con las flores, también me gusta añadir interés utilizando diferentes **texturas** por todo el jardín. Por ejemplo, puedo plantar helechos debajo de grandes girasoles o hostas **junto a** hierbas ornamentales de punta. Independientemente de lo que me ocurra en la vida, trabajar en mi jardín siempre **me ayuda a** sentirme más conectada con la naturaleza y en paz conmigo misma.

bewonderen die er wonen. Ik heb in de loop der jaren vele uren besteed om van mijn **tuin** een plek te maken die niet alleen mooi is, maar ook functioneel. Ik kijk graag naar de vogels die rondfladderen en luister naar hun gezang. Soms haal ik zelfs een boek tevoorschijn en lees in de tuin terwijl ik omringd ben door al het moois dat ik heb gecreëerd. **Tuinieren** is mijn passie en het brengt me zoveel vreugde. Elke dag in mijn tuin is een goede dag.

Een van de dingen die ik graag doe is koken, dus een goed gevulde kruidentuin is erg **belangrijk** voor me. Tijm, basilicum, oregano, rozemarijn, salie en lavendel zijn slechts enkele van de kruiden die ik graag in mijn tuin kweek, zodat ik ze kan gebruiken bij het bereiden van maaltijden voor mezelf of voor **gasten**. Wat ik ook belangrijk vind in mijn tuin is dat er veel kleur in zit. Om dit doel te bereiken, kweek ik een grote verscheidenheid aan bloemen, waaronder **rozen**, lelies, madeliefjes, tulpen, impatiens, goudsbloemen, enz. Naast het toevoegen van kleur met bloemen, vind ik het ook leuk om verschillende **texturen te** gebruiken in de tuin. Zo plant ik bijvoorbeeld varens onder torenhoge zonnebloemen of hosta's **naast** stekelige siergrassen. Wat er verder ook aan de hand is in mijn leven, door in mijn tuin **te** werken voel ik me altijd meer verbonden met de natuur en in vrede met mezelf.

Preguntas de comprensión

1. ¿Dónde está el jardín del autor?

2. ¿Cuántos pollos tiene el autor?

3. ¿Qué hace el autor en el jardín cada día?

4. ¿Por qué le gusta el jardín al autor?

5. ¿Qué hierbas planta el autor en el jardín?

6. ¿Por qué es importante para el autor que haya muchos colores en su jardín?

7. ¿Cómo aporta el autor variedad a su jardín?

8. ¿Cómo se siente el autor cuando trabaja en su jardín?

9. ¿Qué hace que el autor se sienta conectado cuando está en su jardín?

10. ¿Por qué cada día en el jardín del autor es un buen día?

Begrip vragen

1. Waar is de tuin van de auteur?

2. Hoeveel kippen heeft de schrijver?

3. Wat doet de schrijver elke dag in de tuin?

4. Waarom houdt de auteur van de tuin?

5. Welke kruiden plant de auteur in de tuin?

6. Waarom is het belangrijk voor de auteur dat er veel kleuren in zijn tuin zijn?

7. Hoe brengt de auteur afwisseling in zijn tuin?

8. Hoe voelt de schrijver zich als hij in zijn tuin werkt?

9. Waardoor voelt de auteur zich verbonden als hij in zijn tuin is?

10. Waarom is elke dag in de tuin van de auteur een goede dag?

Ir de compras

Me encanta ir **de compras** al centro comercial. Siempre es muy divertido pasear y ver todas las tiendas. Hay algo para todo el mundo en el centro comercial, y siempre es un buen lugar para encontrar ofertas en ropa, zapatos y accesorios. **Suelo** empezar mis compras por la **entrada** principal del centro comercial. Desde allí, me dirijo primero a mis tiendas favoritas. Después de mirar esas tiendas, me doy una vuelta para ver si hay rebajas en otros sitios. Suelo pasar un par de horas en el centro comercial antes de hacer mis compras. Siempre me gusta tomarme mi tiempo cuando voy de compras, **porque** quiero asegurarme de que compro **exactamente** lo que quiero. Además, así es más divertido.

Siempre me parece **fascinante** observar a la gente mientras estoy en el centro comercial. Se puede saber mucho de una persona por su forma de comprar. Algunas personas son muy metódicas y se toman su tiempo, mientras que otras parecen coger **todo lo que** pueden y dirigirse a la caja lo más rápido posible. También hay compradores que parecen más interesados en hablar por el móvil o enviar mensajes de texto que en mirar la mercancía. Sin embargo, sea cual sea el tipo de comprador, a todo el mundo

Gaan winkelen

Ik hou ervan om te gaan **winkelen** in het
winkelcentrum. Het is altijd zo leuk om rond te lopen
en naar alle verschillende winkels te kijken. Er is
voor elk wat wils in het winkelcentrum, en het is altijd
een geweldige plek om deals te vinden voor kleren,
schoenen en accessoires. Ik begin mijn shoppingtrip
meestal met een wandeling door de **hoofdingang** van
het winkelcentrum. Van daaruit ga ik eerst naar mijn
favoriete winkels. Na het bekijken van die winkels,
loop ik rond en kijk of er een verkoop gaande is op
andere plaatsen. Meestal ben ik wel een paar uur in het
winkelcentrum voordat ik eindelijk mijn aankopen doe.
Ik neem altijd graag mijn tijd als ik ga winkelen, **want** ik
wil zeker weten dat ik **precies** krijg wat ik wil. Plus, het
is gewoon leuker op die manier!

Ik vind het altijd zo **fascinerend** om mensen te kijken
als ik in het winkelcentrum ben. Je kunt echt veel
over een persoon vertellen door de manier waarop ze
winkelen. Sommige mensen zijn heel methodisch en
nemen hun tijd, terwijl anderen gewoon lijken te grijpen
wat ze kunnen en zo snel mogelijk naar de kassa gaan.
Er zijn ook shoppers die meer geïnteresseerd lijken
te zijn in het praten op hun mobieltje of in sms'en dan
in het bekijken van de koopwaar! Het maakt echter

le gusta mirar los escaparates, aunque no compre nada. Hay algo en mirar todas las cosas bonitas de los **escaparates** que me hace feliz. A veces fantaseo con cómo sería si pudiera comprar **todo lo** que veo. En definitiva, pasar un día de compras en el centro comercial es uno de mis pasatiempos favoritos. Es una forma estupenda de relajarse y desconectar al tiempo que se hace un poco de ejercicio (si se camina lo suficiente). Además, **siempre está bien darse un** capricho con una camisa o un par de zapatos nuevos de vez en cuando.

Tuve un **largo** día de trabajo y por fin tuve algo de tiempo para mí, así que decidí ir de compras al centro comercial. Necesitaba ropa nueva para la **próxima** temporada. Nada más entrar, vi todas las luces brillantes y los escaparates relucientes. Me dirigí primero a mi tienda favorita y empecé a mirar los estantes. Encontré unos cuantos tops bonitos y me los probé en el probador. Mientras me miraba en el espejo, oí que alguien entraba en el **probador** contiguo al mío. Reconocí su voz como la de una de mis compañeras de trabajo. Nos saludamos y empezamos a charlar sobre el trabajo. Al cabo de unos minutos, los dos terminamos y nos fuimos por **separado,** pero más tarde volvimos a encontrarnos. Seguimos charlando y nos damos cuenta de que tenemos más cosas en común de las que pensábamos.

niet uit wat voor soort shopper je bent, iedereen lijkt te genieten van window shopping - zelfs als je niet echt iets koopt. Er is gewoon iets aan het kijken naar al die mooie dingen in de **etalages** dat me gelukkig maakt. Soms fantaseer ik over hoe het zou zijn als ik me **alles** kon veroorloven wat ik zie! Al met al is een dagje winkelen in het winkelcentrum een van mijn favoriete bezigheden. Het is een geweldige manier om te ontspannen en tot rust te komen, terwijl je ook een beetje beweging krijgt (als je maar genoeg rondloopt). Bovendien is het **altijd** leuk om jezelf af en toe te trakteren op een nieuw shirt of een paar schoenen!

Ik had een **lange** dag op het werk en had eindelijk wat tijd voor mezelf, dus besloot ik te gaan winkelen in het winkelcentrum. Ik had wat nieuwe kleren nodig voor het **komende** seizoen. Zodra ik binnenkwam, zag ik al die felle lichten en glimmende etalages. Ik ging eerst naar mijn favoriete winkel en begon door de rekken te snuffelen. Ik vond een paar leuke topjes en paste ze in de kleedkamer. Terwijl ik mezelf in de spiegel bekeek, hoorde ik iemand de kleedkamer naast de mijne binnenkomen. Ik herkende zijn stem als een van mijn collega's. We zeiden hallo en begonnen te kletsen over het werk. Na een paar minuten waren we allebei klaar en gingen we onze **eigen** weg, maar later kwamen we elkaar weer tegen. We praatten verder en beseften dat we meer gemeen hadden dan we dachten.

Preguntas de comprensión

1. ¿Dónde le gusta más almacenar?

2. ¿Cuál es su tienda favorita en el centro comercial?

3. ¿Cuánto tiempo suele permanecer en el centro comercial?

4. ¿Qué opinas de la gente que pasa mucho tiempo en el centro comercial?

5. ¿Qué es lo que más te gusta hacer en el centro comercial?

6. ¿Alguna vez has comprado algo en el centro comercial cuando realmente no lo necesitabas?

7. ¿Cómo reaccionas cuando ves en el centro comercial algo que te gustaría mucho, pero es demasiado caro?

8. ¿Alguna vez has visto algo en el centro comercial y te has preguntado quién lo compraría?

9. ¿Qué opinas de las personas que están ocupadas con sus teléfonos móviles en el centro comercial en lugar de mirar las tiendas?

Begrip vragen

1. Waar sla je het liefst op?

2. Wat is je favoriete winkel in het winkelcentrum?

3. Hoe lang blijft u meestal in het winkelcentrum?

4. Wat vind je van mensen die veel tijd in het winkelcentrum doorbrengen?

5. Wat is uw favoriete bezigheid in het winkelcentrum?

6. Heb je ooit iets gekocht in het winkelcentrum terwijl je het niet echt nodig had?

7. Hoe reageert u als u in het winkelcentrum iets ziet dat u heel graag zou willen hebben, maar dat te duur is?

8. Heb je ooit iets in het winkelcentrum gezien en je afgevraagd wie het zou kopen?

9. Wat vindt u van mensen die in het winkelcentrum met hun mobieltje bezig zijn in plaats van naar de winkels te kijken?

En el mercado

Me levanto temprano el sábado por la mañana, ansiosa por llegar al **mercado** antes de que se llene de gente. Me pongo algo de ropa y salgo por la puerta, cogiendo mis bolsas reutilizables por el camino. Mientras camino, empiezo a planear lo que quiero hacer para la semana que viene. Sé que quiero **asar** verduras al menos una vez, así que tendré que comprar verduras de buena calidad. También quiero hacer una sopa o un guiso, así que también tendré que comprar carne. Tendré que ver qué tiene buena pinta cuando llegue allí. El mercado está a unas pocas manzanas de distancia y ya puedo ver los puestos instalados y la **gente** arremolinada.

Llego al mercado y me dirijo directamente al puesto de verduras. La selección es preciosa y lleno mis bolsas con una gran variedad de productos **frescos**. Hablo un rato con el agricultor y me recomienda algunas recetas. Estoy deseando probarlas. Mientras compro, charlo con los **agricultores para** conocerlos a ellos y a sus productos. Cuando tengo todas las verduras que necesito, paso a la sección de carne. Aquí estoy un poco más indecisa, ya que no estoy segura de lo que quiero comprar. Al final me decido por el pollo porque es versátil y se puede utilizar en una gran variedad de platos. También compro varios cortes de carne,

Op de markt

Ik sta op zaterdagochtend vroeg op, popelend om naar de **markt te gaan** voordat het te druk wordt. Ik trek wat kleren aan en ga de deur uit, terwijl ik onderweg mijn herbruikbare tassen pak. Terwijl ik loop, begin ik te plannen wat ik de komende week wil maken. Ik weet dat ik minstens één keer groenten wil **roosteren**, dus ik moet wat groenten van goede kwaliteit kopen. Ik wil ook een soep of stoofpot maken, dus ik moet ook wat vlees kopen. Ik zal moeten kijken wat er goed uitziet als ik daar ben. De markt is maar een paar straten verderop, en ik zie de kraampjes al staan en de **mensen al rondlopen**.

Ik kom aan op de markt en ga meteen naar de groentekraam. Het aanbod is prachtig en ik vul mijn tassen met een verscheidenheid aan **verse** producten. Ik maak een praatje met de boer en hij raadt me een paar recepten aan. Ik ben enthousiast om ze uit te proberen. Ik maak een praatje met de **boeren** terwijl ik aan het winkelen ben en leer hen en hun producten kennen. Als ik alle groenten heb die ik nodig heb, ga ik naar de vleesafdeling. Ik aarzel een beetje, omdat ik niet zeker weet wat ik wil hebben. Uiteindelijk kies ik voor kip, omdat dat veelzijdig is en in allerlei gerechten kan worden gebruikt. Ik koop

asegurándome de comprar carne de vaca alimentada con pasto y **pollo** de corral. El carnicero era un hombre amable, siempre alegre a pesar de las largas horas de trabajo. Me envolvió las pechugas de pollo y el filete antes de charlar conmigo sobre sus planes para el fin de semana. Me despedí de él y seguí mi camino. También compré huevos y queso en la sección de productos lácteos.

El mercado bullía de gente, todos ellos ansiosos por hacerse con los productos frescos y la carne que se ofrecían. El aire huele a ajo y cebolla, y el sonido de las risas y las conversaciones llena el ambiente. Me abrí paso entre la multitud, eligiendo los demás artículos que necesitaba para mi compra semanal. Llené mi **cesta** de fruta y verdura, pasta y pan, antes de dirigirme a la caja. La cola era larga, pero avanzaba rápidamente. Por fin, compré los últimos **alimentos** y fue hora de volver a casa. Cargamos el coche y el viaje a casa fue largo y tedioso. El tráfico era intenso y el calor era agobiante. Finalmente, el coche entró en la calzada y el alivio fue palpable. La casa estaba fresca y tranquila, y era un refugio después del **ajetreo** del mercado. Todo estaba guardado y la casa pronto volvió a su tranquilidad habitual. Tenía todo lo que necesitaba para preparar unas **deliciosas** comidas para mí y para mi familia. Era bueno estar en casa.

ook een paar verschillende stukken vlees, en zorg ervoor dat ik grasgevoerd rundvlees en **scharrelkip koop**. De slager was een vriendelijke man, altijd vrolijk ondanks de lange uren die hij werkte. Hij pakte mijn kippenborst en biefstuk in voordat hij met me praatte over zijn weekendplannen. Ik nam afscheid van hem en vervolgde mijn weg. Ik heb ook nog wat eieren en kaas meegenomen uit de zuivelafdeling.

Het krioelde van de mensen op de markt, die allemaal stonden te popelen om de verse producten en het vlees dat werd aangeboden in **handen te** krijgen. De lucht hing vol met de geur van knoflook en uien, en het geluid van gelach en gesprekken vulde de lucht. Ik baande me een weg door de menigte en zocht de andere dingen uit die ik nodig had voor mijn wekelijkse boodschappen. Ik vulde mijn **mandje** met fruit en groenten, pasta en brood, voordat ik naar de kassa ging. De rij was lang, maar het ging snel. Eindelijk waren de laatste **boodschappen** gedaan, en was het tijd om naar huis te gaan. De auto werd volgeladen, en de rit naar huis was lang en moeizaam. Het verkeer was druk en de hitte was drukkend. Eindelijk reed de auto de oprit op en de opluchting was voelbaar. Het huis was koel en stil, en het was een oase na de drukte van de markt. Alles werd opgeborgen, en het huis was al snel weer in zijn gebruikelijke rust en stilte. Ik had alles wat ik nodig had om **heerlijke** maaltijden te maken voor mezelf en voor mijn gezin. Het was goed om thuis te zijn.

Preguntas de comprensión

1. ¿Dónde va la persona?

2. ¿Qué quiere comprar la persona?

3. ¿Cuántas bolsas tiene la persona?

4. ¿A qué distancia está el mercado?

5. ¿Qué está haciendo la persona en este momento?

6. ¿Qué es todo en el mercado?

7. ¿Cuántas personas hay en el mercado?

8. ¿Cuánto tiempo tardó la persona en comprar todo?

9. ¿Cómo se fue la persona a su casa?

10. ¿Qué hizo la persona al llegar a casa?

Begrip vragen

1. Waar gaat de persoon heen?

2. Wat wil de persoon kopen?

3. Hoeveel tassen heeft de persoon?

4. Hoe ver weg is de markt?

5. Wat doet de persoon op dit moment?

6. Wat is alles op de markt?

7. Hoeveel mensen zijn er op de markt?

8. Hoe lang heeft de persoon erover gedaan om alles te kopen?

9. Hoe is de persoon naar huis gegaan?

10. Wat deed de persoon toen hij of zij thuiskwam?

En una cafetería

Era una fría mañana **de otoño** y había quedado con mi amiga Lily en nuestra cafetería favorita para tomar un café. Me abrigué con mi abrigo y mi bufanda y me puse en marcha. Las hojas se caían de los árboles y el aire era un poco frío, pero el sol brillaba y prometía ser un día precioso. Mientras caminaba, **pensé** en lo bueno que era tener una amiga como Lily. Éramos amigas desde hacía años, desde que nos conocimos en **la universidad**. Nos unía nuestra afición al café y a pasar tiempo charlando en las cafeterías. Aunque ahora vivíamos en zonas distintas de la ciudad, nos las arreglábamos para quedar para tomar un café una vez a la semana. Llegué a la cafetería y Lily ya estaba allí, esperándome. Nos abrazamos y pedimos nuestros cafés. Encontramos una mesa junto a la ventana y nos sentamos a charlar. El **café** estaba delicioso, como siempre, y fue muy agradable ponerse al día con Lily. Hablamos de nuestra semana, nuestros trabajos y nuestros planes para el futuro. Siempre era tan fácil hablar con Lily, y sentía que podía contarle cualquier cosa. Después de un rato, empezamos a tener hambre y **decidimos** pedir algo de comida.

Pedimos la comida y nos sentamos junto a la ventana. El sol entraba por la ventana, haciendo que todo

In een café

Het was een kille **herfstochtend** en ik had met mijn vriendin Lily afgesproken in ons favoriete café voor een kopje koffie. Ik wikkelde me warm in mijn jas en sjaal en ging op weg. De bladeren vielen van de bomen en de lucht was een beetje fris, maar de zon scheen en het beloofde een mooie dag te worden. Terwijl ik liep, **dacht** ik aan hoe goed het was om een vriendin als Lily te hebben. We waren al jaren vriendinnen, sinds we elkaar op de **universiteit** ontmoetten. We kregen een band door onze voorliefde voor koffie en het kletsen in cafés. Ook al woonden we nu in verschillende delen van de stad, we kwamen nog steeds één keer per week samen om koffie te drinken. Ik kwam aan bij het café, en Lily zat daar al op me te wachten. We omhelsden elkaar en bestelden onze koffie. We vonden een tafeltje bij het raam en gingen zitten kletsen. De **koffie** was heerlijk, zoals altijd, en het was zo leuk om bij te praten met Lily. We spraken over onze week, onze banen, en onze plannen voor de toekomst. Het was altijd zo makkelijk om met Lily te praten, en ik had het gevoel dat ik haar alles kon vertellen. Na een tijdje begonnen we honger te krijgen en **besloten we** wat eten te bestellen.

We **bestelden** ons eten en zochten een plaatsje bij het raam. De zon scheen door het raam naar binnen,

fuera cálido y alegre. Charlamos mientras comemos, disfrutando del simple placer de estar en **compañía** del otro. La cafetería estaba llena de gente, pero no se sentía abarrotada. Había una sensación de paz y satisfacción en el aire. Cuando terminamos la comida, nos quedamos sentados un rato más, disfrutando del **ambiente** tranquilo. Hablamos durante un rato de diferentes cosas que nos habían pasado en la vida. Fue muy agradable ponerse al día con mi amigo y **relajarse**. El sol brillaba a través de la ventana y parecía que **nada** podía arruinar nuestro día perfecto.

De repente, oí un fuerte golpe. Me di la vuelta y vi que un hombre había caído por el techo y estaba tendido en el suelo frente a nosotros. Estaba **cubierto** de polvo y escombros y parecía estar inconsciente. Mi amigo y yo nos quedamos en estado de shock mientras miramos al hombre tendido en el suelo. No sabíamos qué hacer ni a quién pedir ayuda. Nos quedamos sentados mirándole, sin saber qué hacer. Al cabo de unos minutos, me recuperé y llamé al 911. La operadora me dijo que alguien llegaría pronto. Colgué el teléfono y le conté a mi amigo lo que había dicho la operadora. Nos quedamos sentados esperando a que llegara la ayuda. Me pareció una eternidad, pero finalmente **apareció** una ambulancia. Los paramédicos se apresuraron a entrar y comenzaron a trabajar en el hombre.

waardoor alles warm en gelukkig aanvoelde. We babbelden terwijl we ons eten aten, en genoten van het simpele plezier om in elkaars **gezelschap** te zijn. Het was druk in het café, maar het voelde niet druk aan. Er hing een gevoel van vrede en tevredenheid in de lucht. Toen we ons eten op hadden, bleven we nog een tijdje zitten, genietend van de vredige **sfeer**. We praatten een tijdje over verschillende dingen die in ons leven waren gebeurd. Het was zo fijn om bij te praten met mijn vriend en gewoon **te ontspannen**. De zon scheen door het raam, en het voelde alsof **niets** onze perfecte dag kon verpesten.

Plotseling hoorde ik een harde klap. Ik draaide me om en zag dat een man door het plafond was gevallen en voor ons op de grond lag. Hij was **bedekt** met stof en puin en leek bewusteloos te zijn. Mijn vriend en ik waren allebei in shock toen we naar de man staarden die op de grond lag. We wisten niet wat we moesten doen of wie we moesten bellen voor hulp. We zaten daar gewoon naar hem te staren, niet wetend wat te doen. Na een paar minuten kwam ik bij en belde 911. De telefoniste zei me dat er zo iemand zou komen. Ik hing de telefoon op en vertelde mijn vriend wat de **telefoniste** had gezegd. We zaten daar allebei te wachten tot er hulp kwam. Het leek wel een eeuwigheid, maar uiteindelijk **kwam** er een ambulance. De ambulancebroeders snelden naar binnen en begonnen met de man te werken.

Preguntas de comprensión

1. ¿De dónde viene el hombre que cae por el tejado?

2. ¿Por qué está la mujer con su amiga en el café?

3. ¿Cuál es el café favorito de los dos amigos?

4. ¿Desde cuándo se conocen los dos amigos?

5. ¿Cuál es la bebida favorita de los dos amigos?

6. ¿En qué ciudad viven los dos amigos?

7. ¿Con qué frecuencia se encuentran los dos amigos?

8. ¿De qué hablan los dos amigos cuando se encuentran por primera vez en su café favorito?

9. ¿Cuál es la comida favorita de los dos amigos?

10. ¿Por qué es tan fácil hablar con Lily?

Begrip vragen

1. Waar komt de man vandaan die door het dak valt?

2. Waarom is de vrouw met haar vriendin in het café?

3. Wat is het favoriete café van de twee vrienden?

4. Hoe lang kennen de twee vrienden elkaar al?

5. Wat is het favoriete drankje van de twee vrienden?

6. In welke stad wonen de twee vrienden?

7. Hoe vaak ontmoeten de twee vrienden elkaar?

8. Waar hebben de twee vrienden het over als ze elkaar voor het eerst ontmoeten in hun favoriete café?

9. Wat is het lievelingseten van de twee vrienden?

10. Waarom is het zo makkelijk om met Lily te praten?

Ir a nadar

La piscina siempre era un lugar **refrescante**, y hoy no era diferente. El sol brillaba y el agua parecía atractiva. Respiré profundamente y me zambullí, sintiendo el fresco abrazo del agua. Nadé un rato, disfrutando del ejercicio y de la oportunidad de despejar la cabeza. Después de un rato, salí y me sequé, y me senté en una toalla para relajarme al sol. Cerré los ojos y dejé que el **calor** me bañara, sintiendo que mis músculos empezaban a relajarse. De repente, oigo un chapoteo y abro los ojos para ver a mi hermana pequeña **remando** en la parte menos profunda. Sonreí y la observé durante un rato, luego me levanté y me acerqué a ella. Charlamos un rato y remamos juntas, disfrutando de la compañía de la otra. Pronto se unieron nuestros padres y pasamos el resto de la tarde nadando y jugando juntos. Siempre es muy agradable pasar tiempo con la familia en la piscina. Hay **algo** en el agua que parece unir a la gente. Tal vez sea porque todos somos iguales cuando estamos en el agua, no podemos ocultar nuestros defectos ni pretender ser algo que no somos. O tal vez porque es divertido. **Cualquiera que sea** la razón, me alegro de que hayamos podido reunirnos y disfrutar de la compañía de los demás en un lugar tan especial.

Gaan zwemmen

Het zwembad was altijd een **verfrissende** plek om te zijn, en vandaag was dat niet anders. De zon scheen en het water zag er uitnodigend uit. Ik haalde diep adem en dook erin, de koele omhelzing van het water voelend. Ik zwom een tijdje baantjes, genoot van de beweging en de kans om mijn hoofd leeg te maken. Na een tijdje kwam ik eruit en droogde me af, waarna ik op een handdoek ging zitten om te relaxen in de zon. Ik sloot mijn ogen en liet de **warmte** over me heen spoelen, ik voelde mijn spieren ontspannen. Plotseling hoorde ik een plons en ik opende mijn ogen om mijn kleine zusje te zien **poedelen** in het ondiepe gedeelte. Ik glimlachte en keek een tijdje naar haar, stond toen op en liep naar haar toe. We kletsten wat en peddelden samen wat rond, genietend van elkaars gezelschap. Al snel kwamen onze ouders erbij, en we brachten de rest van de middag zwemmend en spelend door. Het was altijd zo leuk om tijd met de familie in het zwembad door te brengen. Er is **iets** met in het water zijn dat mensen samenbrengt. Misschien is het omdat we allemaal gelijk zijn als we in het water zijn - we kunnen onze gebreken niet verbergen of doen alsof we iets zijn wat we niet zijn. Of misschien is het gewoon omdat het leuk is! **Wat** de reden ook is, ik was gewoon blij dat we allemaal

El sol golpeaba mi piel y el olor a cloro estaba en el aire. Oigo el sonido de los niños riendo y chapoteando en la piscina. Estaba tumbada en una tumbona junto a la piscina, tomando el sol y **disfrutando** del día. Tenía los ojos cerrados y estaba a punto de dormirme cuando oí que alguien se acercaba a mí. Abrí los ojos y vi a una mujer de pie junto a mí. Llevaba un bikini y una toalla alrededor de la cintura. Tenía el pelo largo y rubio y los ojos azules. Llevaba un bote de **crema solar** en la mano. "¿Te importa si te pongo un poco de crema solar en la espalda?", me preguntó. "No, está bien", dije, sentándome para que pudiera alcanzar mi espalda. Sentí sus manos en mi piel mientras me aplicaba el protector solar.

Su tacto era suave y el aroma de la crema solar era relajante. Volví a cerrar los ojos y me relajé. Podía oír el **sonido** de sus movimientos, pero no abrí los ojos. Me contenté con estar tumbado al sol, escuchando el sonido de las olas **que** chocaban contra la orilla. Después de unos minutos, se alejó y abrí los ojos. La observé mientras volvía a su tumbona y cogía su libro. Se acomodó en su silla y empezó a leer.

bij elkaar konden komen en van elkaars gezelschap konden genieten op zo'n speciale plek.

De zon scheen op mijn huid en de geur van chloor hing in de lucht. Ik kon de geluiden horen van lachende kinderen die in het zwembad spetterden. Ik lag op een ligstoel naast het zwembad, te genieten van de zon en **de** dag. Ik had mijn ogen gesloten en wilde net in slaap vallen toen ik iemand naar me toe hoorde lopen. Ik opende mijn ogen en zag een vrouw naast me staan. Ze droeg een bikini en had een handdoek om haar middel gewikkeld. Ze had lang blond haar en blauwe ogen. Ze hield een fles **zonnebrandcrème** in haar hand. "Vind je het erg als ik wat zonnebrandcrème op je rug smeer?" vroeg ze. "Nee, dat hoeft niet," zei ik, terwijl ik rechtop ging zitten zodat ze bij mijn rug kon. Ik voelde haar handen op mijn huid terwijl ze de zonnebrandcrème aanbracht.

Haar aanraking was zacht en de geur van de zonnebrandcrème was kalmerend. Ik sloot mijn ogen weer en liet me ontspannen. Ik kon het **geluid** van haar bewegingen horen, maar ik opende mijn ogen niet. Ik was tevreden met het feit dat ik daar in de zon lag, luisterend naar het geluid van de golven **die** tegen de kust sloegen. Na een paar minuten liep ze weg, en ik opende mijn ogen. Ik keek naar haar terwijl ze terugliep naar haar ligstoel en haar boek oppakte. Ze nestelde zich in haar stoel en begon te lezen.

Preguntas de comprensión

1. ¿Dónde estaba el narrador cuando comienza la historia?

2. ¿Qué huele el narrador cuando abre los ojos?

3. ¿Qué oye el narrador cuando abre los ojos?

4. ¿De quién es el protector solar que le da la mujer al narrador?

5. ¿Con qué sueña el narrador?

6. ¿Por qué nadar en el mar es tan especial para el narrador?

7.¿Cómo se siente el agua en la que nada el narrador?

8. ¿Qué ve el narrador cuando sale del agua?

9. ¿Qué hace la mujer después de ponerle el protector solar al narrador?

10. ¿De qué hablan el narrador y la mujer al final de la historia?

Begrip vragen

1. Waar was de verteller toen hij het verhaal begon?

2. Wat ruikt de verteller als hij zijn ogen opent?

3. Wat hoort de verteller als hij zijn ogen opent?

4. Van wie is de zonnebrandcrème die de vrouw aan de verteller geeft?

5. Waar droomt de verteller over?

6. Waarom is zwemmen in de zee zo speciaal voor de verteller?

7. Hoe voelt het water aan waarin de verteller zwemt?

8. Wat ziet de verteller als hij uit het water komt?

9. Wat doet de vrouw nadat ze de verteller heeft ingesmeerd met zonnebrandcrème?

10. Waarover praten de verteller en de vrouw aan het eind van het verhaal?

Cortar el césped

Son las 10 de la mañana de un **sábado** de verano y el sol ya está pegando sin piedad. Te diriges al garaje para coger el cortacésped, con la sensación de estar **condenado** a realizar trabajos forzados. Empiezas a cortar el césped, asegurándote de ir despacio para no perder ningún punto. Mientras cortas, piensas en lo bien que te sientes al aire libre. Cuando empiezas a empujar el cortacésped de un lado a otro del césped, ves a tu vecino de **reojo**. Le saludas con la mano y él te devuelve el saludo.

Después de unos minutos, has terminado y te diriges a la casa de tu vecino para tomar una cerveza con él en el jardín delantero. Es un día **perfecto**: no hace demasiado calor y sopla una suave brisa. Te sientas a la sombra del árbol, bebes tu cerveza y charlas con tu vecino. Son días como éste los que te hacen apreciar el verano. Luego entras en casa para tomar una merecida cerveza. Te tumbas en una silla del porche y abres la lata, dejando escapar un suspiro de satisfacción. El sonido del cortacésped pasa a un segundo plano mientras te relajas a la sombra, disfrutando de la **tranquilidad del** momento. La cerveza sabe muy bien después de todo el trabajo duro en el calor. Estaba a

Het maaien van het gazon

Het is 10 uur 's ochtends op een zomerse **zaterdag**, en de zon schijnt al ongenadig. Je sjokt naar de garage om de grasmaaier te halen, met het gevoel dat je **veroordeeld bent** tot dwangarbeid. Je begint het gazon te maaien, en zorgt ervoor dat je het rustig aan doet, zodat je niets over het hoofd ziet. Terwijl je aan het maaien bent, denk je aan hoe goed het voelt om buiten in de frisse lucht te zijn. Terwijl u de maaier heen en weer over het gazon duwt, ziet u uw buurman vanuit uw **ooghoek**. Je zwaait en zegt hallo, en hij zwaait terug.

Na een paar minuten ben je klaar, en je gaat naar het huis van je buurman om met hem een biertje te drinken in de voortuin. Het is een **perfecte** dag - niet te warm, met een zacht briesje. Je zit daar in de schaduw van de boom, nipt van je biertje en kletst wat met je buurman. Het zijn dagen als deze die je de zomer doen waarderen. Dan **ga** je naar binnen voor een welverdiend biertje. Je ploft neer in een stoel op de veranda, trekt het blikje open en slaakt een tevreden zucht. Het geluid van de maaier verdwijnt naar de achtergrond terwijl je in de schaduw ontspant en geniet van de **rust** van het moment. Het bier smaakt extra goed na al dat harde werk in de hitte. Ik stond op het

punto de entrar cuando oigo un ruido en la puerta de al lado.

Parecía que alguien estaba llorando. Dejé de cortar el césped y me acerqué a la valla que separaba nuestros patios. Me asomé y vi a mi vecina, la señora Johnson, llorando en el columpio de su porche. La llamé, pero no me oyó. Trepé por la valla y me acerqué a ella. "Sra. Johnson, ¿está usted bien?" le pregunté. Me miró con lágrimas en los ojos y negó con la cabeza. "No, no estoy bien", dijo. "Mi gato murió ayer". Me sorprendió. No sabía qué decir. Me quedé de pie, sin saber qué hacer. Finalmente, le puse la mano en **el hombro** y le dije: "Lo siento mucho, señora Johnson. Si hay algo que pueda hacer para ayudar, por favor hágamelo saber". "Ella negó con la cabeza y dijo: "No, **no hay nada** que nadie pueda hacer". Luego se levantó y entró en su casa. Me quedé allí un momento, sin saber qué hacer. Luego volví a cortar el césped. Mientras terminaba, no pude evitar pensar en la señora Johnson y su gato.

punt om naar binnen te gaan toen ik een geluid hoorde bij de buren.

Het **klonk** alsof iemand huilde. Ik stopte met maaien en liep naar het hek dat onze tuinen scheidde. Ik keek om en zag mijn buurvrouw, mevrouw Johnson, huilen op haar schommelbank. Ik riep naar haar, maar ze hoorde me niet. Ik klom over het hek en liep naar haar toe. "Mevrouw Johnson, is alles goed met u?" vroeg ik. Ze keek met tranen in haar ogen naar me op en schudde haar hoofd. "Nee, het gaat niet goed met me," zei ze. "Mijn kat is gisteren gestorven." Ik was geschokt. Ik wist niet wat ik moest zeggen. Ik stond daar maar wat ongemakkelijk, niet wetend wat ik moest doen. Uiteindelijk legde ik mijn hand op haar **schouder** en zei: "Het spijt me zo, mevrouw Johnson. Als er iets is wat ik kan doen om te helpen, laat het me alsjeblieft weten. "Ze schudde haar hoofd en zei: Nee, er is **niets** dat iemand kan doen. Toen stond ze op en ging haar huis binnen. Ik stond daar een ogenblik, niet wetend wat te doen. Toen ging ik verder met het maaien van mijn gazon. Toen ik klaar was, moest ik denken aan mevrouw Johnson en haar kat.

Preguntas de comprensión

1. ¿Qué hora es?

2. ¿Dónde está la persona que corta el césped?

3. ¿Cómo se siente la persona?

4. ¿Por qué hay que segar despacio?

5. ¿Qué tiempo hace?

6. ¿Qué hace la persona después de segar?

7. ¿Qué oye la persona antes de irse a casa?

8. ¿Quién está con la Sra. Johnson?

9. ¿Por qué llora la Sra. Johnson?

10. ¿Qué le dice la persona a la Sra. Johnson?

Begrip vragen

1. Hoe laat is het?

2. Waar is de persoon aan het maaien?

3. Hoe voelt de persoon zich?

4. Waarom moet de persoon langzaam maaien?

5. Wat voor weer is het?

6. Wat doet de persoon na het maaien?

7. Wat hoort de persoon voordat hij naar huis gaat?

8. Wie is er bij Mrs Johnson?

9. Waarom huilt Mrs Johnson?

10. Wat zegt de persoon tegen Mrs. Johnson?

Cortarse el pelo

Llevaba semanas queriendo cortarme el pelo, pero siempre me las arreglaba para posponerlo. Pero con **la Navidad a** la vuelta de la esquina, sabía que no podía posponerlo más. No quería llegar a la cena de Navidad de mi familia con un aspecto desaliñado. Así que, a primera hora de la mañana de Navidad, me dirigí a la peluquería. Aunque era temprano, la peluquería ya estaba ocupada con otras personas que se **estaban** peinando para las fiestas. Me puse en la cola y esperé mi turno. Finalmente, me tocó el turno de la silla. La estilista, una amable mujer llamada Jill, me preguntó qué quería. "Sólo un recorte, nada demasiado drástico", respondí. Jill se puso a trabajar, recortando mi pelo. Mientras trabajaba, empecé a relajarme. Me sentí bien por fin cuidando de mí misma. Últimamente había estado tan ocupada, corriendo de un lado a otro cuidando de los demás, que había dejado de lado mis propias necesidades. Pero **ya** no. A partir de ahora, iba a sacar tiempo para mí.

Cuando Jill terminó, me miré en el espejo y quedé satisfecha con lo que vi. Mi cabello se veía ordenado y pulido, perfecto para las reuniones navideñas. **Le di las gracias a Jill** y tomé nota de que volvería más a menudo. A partir de ahora, lo primero que haré será

Naar de kapper

Ik wilde al weken naar de kapper, maar op de een of andere manier kon ik het steeds uitstellen. Maar met **Kerstmis voor de deur**, wist ik dat ik het niet langer kon uitstellen. Ik wilde niet op het kerstdiner van mijn familie verschijnen als een smerige puinhoop. Dus, vroeg op kerstochtend, ging ik naar de salon. Hoewel het nog vroeg was, was de salon al druk bezig met andere mensen **die** hun haar lieten doen voor de feestdagen. Ik nam plaats in de rij en wachtte op mijn beurt. Eindelijk was het mijn beurt in de stoel. De styliste, een vriendelijke vrouw die Jill heette, vroeg me wat ik wilde. "Gewoon een knipbeurt, niets te drastisch," antwoordde ik. Jill ging aan de slag en knipte mijn haar weg. Terwijl ze werkte, begon ik te ontspannen. Het voelde goed om eindelijk voor mezelf te zorgen. Ik had het de laatste tijd zo druk gehad met voor iedereen te zorgen, dat ik mijn eigen behoeften aan de kant had laten liggen. Maar **nu** niet **meer**. Van nu af aan, zou ik tijd voor mezelf maken.

Toen Jill klaar was, keek ik in de spiegel en was blij met wat ik zag. Mijn haar zag er netjes en gepolijst uit-perfect voor vakantie bijeenkomsten. Ik **bedankte** Jill en maakte een notitie om vaker terug te komen. Van nu af aan zal ik in de eerste plaats voor mezelf

cuidarme a mí misma. Se puso a trabajar cortando mi cabello. Pensé en lo agradecida que estaba de haberme cortado el pelo por fin. Me sentí bien al saber que estaría presentable para la **cena de** Navidad. Ya no tendría que preocuparme de que mi familia se burlara de mi aspecto "desaliñado". Después de unos minutos, el estilista terminó de cortarme el pelo y me secó rápidamente. Me miré en el espejo y me sentí feliz con lo que vi: un aspecto limpio que sería perfecto para la cena de Navidad. Ahora que mi corte de pelo había terminado, podía centrarme en disfrutar de las vacaciones con mi familia. Y estaba aún más agradecida por ello.

Me sentí muy **liberada** y me encantó el aspecto de mi nuevo corte de pelo. Después de pagar mi corte de pelo, me fui a casa y empecé a hacer la maleta para mi viaje. Me **moría de** ganas de enseñar mi nuevo look a mi familia y amigos. Sabía que se sorprenderían cuando me vieran. El día de mi vuelo, llegué al aeropuerto con tiempo de sobra. Pasé el control de seguridad sin problemas y pronto me puse en camino. En cuanto llegué a mi destino, pude sentir la emoción en el aire. Definitivamente, ¡la Navidad está en el aire! Mi familia estaba allí para recibirme en el aeropuerto, y todos estaban sorprendidos por mi nuevo corte de pelo. Pasamos los siguientes días **poniéndonos al** día y disfrutando de la **compañía de los** demás.

zorgen. Ze begon aan mijn haar te knippen. Ik dacht eraan hoe dankbaar ik was dat ik er eindelijk aan toe was gekomen om mijn haar te laten knippen. Het voelde goed om te weten dat ik er toonbaar uit zou zien voor **het kerstdiner**. Ik hoefde me geen zorgen meer te maken dat mijn familie me zou plagen over mijn "smerige" uiterlijk. Na een paar minuten was de styliste klaar met het knippen van mijn haar en föhnde ze me snel. Ik keek in de spiegel en was blij met wat ik zag: een strak geknipt kapsel dat perfect zou zijn voor het kerstdiner. Nu mijn kapsel achter de rug was, kon ik me concentreren op de feestdagen met mijn gezin. En daar was ik nog dankbaarder voor.

Het voelde zo **bevrijdend**, en ik hield van de manier waarop mijn nieuwe kapsel eruit zag. Nadat ik voor mijn kapsel had betaald, ging ik naar huis en begon ik in te pakken voor mijn reis. Ik **kon niet** wachten om mijn nieuwe look aan mijn familie en vrienden te tonen. Ik wist dat ze verrast zouden zijn als ze me zouden zien. Op de dag van mijn vlucht kwam ik ruim op tijd aan op de luchthaven. Ik ging zonder problemen door de beveiliging en al snel was ik op weg. Zodra ik op mijn bestemming aankwam, kon ik de opwinding in de lucht voelen. Kerstmis hing zeker in de lucht! Mijn familie was er om me op de luchthaven te begroeten, en ze waren allemaal verbaasd over mijn nieuwe kapsel. We brachten de volgende dagen door **met bijpraten** en genieten van elkaars **gezelschap**.

Preguntas de comprensión

1. ¿Qué tenía que hacer el protagonista antes de Navidad?

2. ¿Cómo se sentía la protagonista al cuidar de sí misma?

3. ¿Quién recortó el pelo del protagonista?

4. ¿Por qué la familia de la protagonista iba a burlarse de ella?

5. ¿Cómo se sintió la protagonista después de cortarse el pelo?

6. ¿Qué hizo la protagonista después de cortarse el pelo?

7. ¿Cuál fue la reacción de la familia de la protagonista ante su corte de pelo?

8. ¿Qué hizo el protagonista en Nochebuena?

9. ¿Qué hizo que la experiencia del protagonista fuera más especial?

10. ¿Qué pasaría si el protagonista no se cortara el pelo?

Begrip vragen

1. Wat moest de hoofdpersoon doen voor Kerstmis?

2. Hoe vond de hoofdpersoon het om voor zichzelf te zorgen?

3. Wie heeft het haar van de hoofdpersoon geknipt?

4. Waarom ging de familie van de hoofdpersoon haar plagen?

5. Hoe voelde de hoofdpersoon zich nadat ze naar de kapper was geweest?

6. Wat heeft de hoofdpersoon gedaan nadat ze naar de kapper is geweest?

7. Wat was de reactie van de familie van de hoofdpersoon op haar kapsel?

8. Wat deed de hoofdpersoon op kerstavond?

9. Wat maakte de ervaring van de hoofdpersoon specialer?

10. Wat zou er gebeuren als de hoofdpersoon niet naar de kapper zou gaan?

El parque

El sol se ponía y el parque estaba vacío. Me senté en el banco, esperando a mi **amiga**. Habíamos quedado aquí hace una hora, pero ella siempre llegaba tarde. Justo cuando estaba a punto de rendirme y volver a casa, la vi correr hacia mí. "Lo siento mucho", jadeó al llegar al banco. "Mi tren se **retrasó**". "Está bien", dije **con perdón**. "Acabo de llegar yo mismo". Nos sentamos y charlamos un rato, poniéndonos al día de la vida de cada uno desde la última vez que nos vimos. La conversación fluye con **facilidad** y parece que no ha pasado nada de tiempo desde la última vez que nos vimos. Al ponerse el sol, nos despedimos y nos fuimos por caminos distintos. La siguiente vez que nos vimos fue en otro parque. De nuevo, llegó tarde, pero no me importó. Era agradable tener a alguien con quien hablar y que me **entendiera**. Hablamos de nuestros sueños y **aspiraciones**, de las cosas que queríamos hacer con nuestras vidas. Ella me contó sus planes de viajar por el mundo, y yo compartí mi sueño de convertirme en escritor. Al ponerse el sol un día más, nos despedimos una vez más, prometiendo que esta vez nos mantendríamos en contacto.

Pasaron los años y nuestra **amistad** se mantuvo firme aunque ahora vivíamos en diferentes partes del

Het park

De zon ging onder, en het park was leeg. Ik zat op het bankje te wachten op mijn **vriendin**. We hadden hier al een uur geleden afgesproken, maar ze was altijd te laat. Net toen ik het wilde opgeven en naar huis wilde gaan, zag ik haar naar me toe rennen. "Het spijt me zo," hijgde ze toen ze de bank bereikte. "Mijn trein **had vertraging**." "Het is goed," zei ik **vergevingsgezind**. "Ik ben hier net zelf." We gingen zitten en praatten een poosje, praatten bij over elkaars leven sinds we elkaar voor het laatst zagen. Het gesprek verliep **vlot**, en het leek alsof er helemaal geen tijd was verstreken sinds we elkaar voor het laatst hadden gezien. Toen de zon onderging, namen we afscheid en gingen onze eigen weg. De volgende keer dat we elkaar zagen, was in een ander park. Weer was ze te laat, maar dat vond ik niet erg. Het was fijn om iemand te hebben om mee te praten die me **begreep**. We spraken over onze dromen en **aspiraties**, dingen die we wilden doen met ons leven. Zij vertelde me over haar plannen om de wereld rond te reizen, en ik deelde mijn droom om schrijfster te worden. Toen de zon weer onderging, namen we afscheid van elkaar en beloofden we elkaar dit keer te blijven zien.

Jaren gingen voorbij, en onze **vriendschap** bleef sterk,

país. Nos mantuvimos en contacto a través de cartas y llamadas telefónicas ocasionales, compartiendo noticias de nuestras vidas. Cuando anunció que se iba a casar, no me **sorprendió**, ya que siempre había sido una **aventurera**. Pero cuando me pidió que fuera su dama de honor en la ceremonia de su boda, que se celebraba al otro lado del mundo desde donde yo vivía... ¡hubo que convencerla! Al final, no podía dejar que mi mejor amiga se casara sin estar a su lado, así que, a pesar de mis temores (¡y tras muchas súplicas por su parte!), acepté acompañarla en lo que resultó ser la **aventura** de su vida.

Por fin llegó el día de la **boda**. Estaba nerviosa, pero emocionada por formar parte de un momento tan importante en la vida de mi amiga. La ceremonia fue preciosa, y ella parecía feliz mientras decía sus votos. **Después**, lo celebramos con una gran fiesta: ¡parecía que todos sus conocidos habían venido a celebrarlo con ella! Fue un día **mágico** que nunca olvidaré, y nuestra amistad no hizo más que fortalecerse después de aquella aventura. Ahora, años después, seguimos en contacto. Las dos hemos **cambiado** mucho desde que nos conocimos, pero nuestra amistad es tan fuerte como siempre.

ook al woonden we nu in verschillende delen van het land. We hielden contact door middel van brieven en af en toe telefoontjes, waarbij we nieuws over ons leven met elkaar deelden. Toen ze aankondigde dat ze ging trouwen, was ik niet **verbaasd** - ze was altijd al een **avontuurlijk** type geweest. Maar toen ze me vroeg of ik haar bruidsmeisje wilde zijn op haar huwelijksceremonie, dat halverwege de wereld zou plaatsvinden, van waar ik woonde... daar was wel wat overtuigingskracht voor nodig! Maar uiteindelijk kon ik mijn beste vriendin niet laten trouwen zonder mij aan haar zijde, dus ondanks mijn angsten (en na veel smeken van haar!) **stemde** ik ermee in om mee te gaan op wat het **avontuur** van mijn leven bleek te zijn.

De dag van de **bruiloft was** eindelijk aangebroken. Ik was nerveus, maar opgewonden om deel uit te maken van zo'n belangrijk moment in het leven van mijn vriendin. De ceremonie was prachtig, en ze zag er gelukkig uit toen ze haar geloften aflegde. **Daarna** vierden we het met een groot feest - het leek wel of iedereen die ze kende was gekomen om het met haar te vieren! Het was een **magische** dag die ik nooit zal vergeten, en onze vriendschap is na dat avontuur alleen maar sterker geworden. Nu, jaren later, houden we nog steeds contact. We zijn allebei veel **veranderd** sinds we elkaar voor het eerst ontmoetten, maar onze vriendschap is nog even sterk als altijd.

Preguntas de comprensión

1. ¿Dónde se conocieron la autora y su amiga?

2. ¿Por qué el amigo del autor llegó tarde a su reunión?

3. ¿De qué hablaron los amigos cuando se reencontraron años después?

4. ¿Cómo se sintió la autora al asistir a la ceremonia de la boda de su amiga?

5. Describe el escenario de la ceremonia de la boda.

6. ¿Cómo ha cambiado la amistad entre las dos mujeres a lo largo del tiempo?

7. ¿Cuál es el sueño del autor?

8. ¿Dónde piensa viajar el amigo del autor?

9. ¿Por qué la autora dudó en asistir a la ceremonia de boda de su amiga?

Begrip vragen

1. Waar hebben de auteur en haar vriendin elkaar voor het eerst ontmoet?

2. Waarom was de vriend van de auteur te laat op hun afspraak?

3. Waar hadden de vrienden het over toen ze elkaar jaren later weer ontmoetten?

4. Hoe vond de schrijfster het om de huwelijksceremonie van haar vriendin bij te wonen?

5. Beschrijf de omgeving van de huwelijksceremonie.

6. Hoe is de vriendschap tussen de twee vrouwen in de loop der tijd veranderd?

7. Wat is de droom van de auteur?

8. Waar is de vriend van de schrijver van plan heen te reizen?

9. Waarom aarzelde de schrijfster om de huwelijksceremonie van haar vriendin bij te wonen?

9 798848 011012